二十四史

马上读 语文历史都进步

第七册

《魏书》《北齐书》《周书》《隋书》《北史》

李海杰　主编

北京理工大学出版社
BEIJING INSTITUTE OF TECHNOLOGY PRESS

版权专有　侵权必究

图书在版编目（CIP）数据

二十四史马上读：语文历史都进步：函套共12册/李海杰主编. —北京：北京理工大学出版社，2023.10

ISBN 978-7-5763-2413-6

Ⅰ.①二… Ⅱ.①李… Ⅲ.①二十四史-青少年读物 Ⅳ.①K204.1-49

中国国家版本馆CIP数据核字（2023）第097057号

出版发行 /	北京理工大学出版社有限责任公司
社　　址 /	北京市丰台区四合庄路 6 号
邮　　编 /	100070
电　　话 /	（010）68944451（大众售后服务热线）
	（010）68912824（大众售后服务热线）
网　　址 /	http://www.bitpress.com.cn
经　　销 /	全国各地新华书店
印　　刷 /	唐山富达印务有限公司
开　　本 /	880毫米×1230毫米　1 / 32
印　　张 /	77.75
字　　数 /	1236千字
版　　次 /	2023年10月第1版　2023年10月第1次印刷
定　　价 /	398.00元（全12册）

责任编辑 / 闫风华
文案编辑 / 闫风华
责任校对 / 刘亚男
责任印制 / 施胜娟

图书出现印装质量问题，请拨打售后服务热线，本社负责调换

目录

魏书

太祖道武帝珪纪 / 003
◎ 复兴故国，开创王朝

世祖太武帝焘纪 / 009
◎ 威服四夷，一统北方

高祖孝文帝宏纪 / 015
◎ 推行汉化改革，促进民族融合

文成文明皇后冯氏列传 / 021
◎ 辅佐三代帝王，奠基汉化改革

宣武灵皇后胡氏列传 / 027
◎ 耍尽心机谋政权

崔浩列传 / 032
◎ 辅佐三代皇帝，谋定北方统一

尔朱荣列传 / 038
◎ 北魏王朝的掘墓人

郦道元列传 / 044
◎ 名垂青史的地理学大家

北齐书

神武帝纪 / 053
◎ 精通权术的北齐奠基人

文宣帝纪 / 059
◎ 骁勇善战的开国皇帝

兰陵王孝瓘列传 / 065
◎ 人美心善的皇室名将

斛律光列传 / 071
◎ 百战百胜的射雕名将

魏收列传 / 077
◎ 折节成才的史学大家

晋荡公护列传 / 097
◎ 四年杀三帝的权臣

独孤信列传 / 103
◎ 忠君爱民的史上最强岳父

苏绰列传 / 109
◎ 鞠躬尽瘁、死而后已的千里马

庾信列传 / 115
◎ 由南入北的宫体诗人

文帝纪 / 085
◎ 乱世中的北周奠基者

武帝纪 / 091
◎ 智勇双全的一代英主

隋书

高祖纪 / 123
◎ 隋朝开国之君

炀帝纪 / 129
◎ 毁誉参半的亡国之君

文献独孤皇后列传 / 135
◎ 善妒的政治女强人

杨素列传 / 141
◎ 隋朝第一权臣

韩擒虎列传 / 147
◎ 灭陈第一功臣

李密列传 / 153
◎ 农民起义军中的贵族
　领袖

宇文化及列传 / 159
◎ 隋末群雄中的跳梁小丑

北史

贺拔岳传 / 167
◎ 关陇集团的第一代领袖

王褒传 / 173
◎ 羁旅北方的南朝才子

魏书

《魏书》由北齐史学家魏收撰写，共一百三十一卷，其中帝纪十四卷、列传九十六卷、志二十卷、启一卷，没有表，是我国第一部专记少数民族政权的纪传体断代史。四世纪末至六世纪中叶，鲜卑族拓跋部在我国北方建立了北魏王朝，《魏书》保存了这段历史最原始、最完备的资料，体现了北魏的兴盛治乱、统一北方、转型封建化与门阀化的过程，以及北魏、东魏与南朝宋、齐、梁三朝的关系，直接印证了北方地区的民族大融合，并首次记载了佛教、道教的流传和变革，翔实记录了佛教的发展。

　　魏收（507—572年），字伯起，小名佛助，钜鹿郡下曲阳县（今河北省晋州市）人。历任北魏、东魏、北齐三朝大臣，文学家、史学家。

　　魏收从小爱好学习，十五岁便凭借文才扬名，二十六岁开始参与国史编撰。北齐建立后，文宣帝正式委派他撰修《魏书》。魏收坚持收集了很多年的史料，亲自主笔，于554年修完《魏书》。当时北魏、东魏刚刚灭亡，许多当事人还健在，而魏收性格急躁，存有私心，招致了鲜卑贵族纷纷投诉，把《魏书》诬为"秽史"。后来《魏书》又经魏收又多次修改，才由朝廷下令刊行。

太祖道武帝珪纪

> 拓跋珪（371—409年），鲜卑族，又名拓跋开，字涉珪，云中郡盛乐城（今内蒙古自治区和林格尔县）人。北魏开国皇帝，死后谥号道武帝，庙号太祖。

● 复兴故国，开创王朝

拓跋珪的先祖因为效忠西晋皇帝，被册封为代王。到他的爷爷拓跋什翼犍（jiān）即位为代王时，西晋已经灭亡，北方陷入战乱。

在拓跋珪六岁那年，氐（dī）族人建立的前秦政权攻陷代国，拓跋什翼犍被叛臣谋害，代国灭亡。拓跋珪跟随母亲开始了颠沛流离的生活。

拓跋什翼犍的部将刘库仁，被前秦委任治理代国原来的一部分领地。他便主动把拓跋珪母子俩接来照料，并对自己的儿子们说："你们要善待拓跋珪，他将来一定会有出息，复兴代国就靠他了！"

几年之后，前秦皇帝在淝水之战中惨败，建立的帝国也土崩瓦解，之前被前秦灭掉的各个部落政权纷纷复国，北方地区重新陷入分裂。

刘库仁的一个儿子刘显早有想当代王的野心，便策划杀死拓跋珪。后来，因为走漏了风声，拓跋珪便带着母亲一起逃到了舅舅贺纳的部落。

舅舅非常看重这个气宇非凡的少年，真心希望他能够复兴代国。在舅舅的协助下，拓跋珪在贺兰部落励精图治，赢得了众人的信任。

386年，拓跋珪在牛川（今内蒙古自治区锡拉木林河）即位为代王，几个月后，改代国为魏国，自称魏王，时年十六岁。

刚建成的魏国，面临的是内忧外患的局势：外部有后燕、西燕、后秦、西秦、仇池、后凉等众多强邻；内部也相当不稳定，经常有部落反叛，作战时总有将士投敌。

年轻的拓跋珪非常沉得住气，劝慰大臣说："这个时候，我们要更加冷静，要安定团结，那些目光短浅的逃兵就随他们去吧！"

不久，刘显贼心不死，挑拨拓跋珪的叔父拓跋窟咄（kū duō）篡夺魏王之位，拓跋窟咄仰仗有西燕的支持，便与

他一起领军攻打魏国。

当时,西燕与后燕国力相当,互为仇敌,而拓跋珪祖上与后燕有亲戚关系,于是马上向后燕求救。就在拓跋珪与叛军对峙的关键时刻,后燕援军及时赶到,不仅救了拓跋珪一命,还趁势击败了叛军,收复了很多部落。

拓跋珪平定叛乱之后,稳定了内部局势。从即位第二年起,便正式开启了征讨模式。他在接下来的五年内,先后征讨刘显以及库莫奚、高车、纥突邻、纥奚、铁弗、柔然等部落,无一败绩。至此,魏国已经击败了大部分强邻,国力得到了极大的提高,成为整个北方实力较强的政权之一。

在魏国建国之初,魏弱燕强,后燕还经常帮助魏国。可是,在短短几年时间内,拓跋珪便扫平群雄,实力大增,心态上已经发生了变化;而后燕鉴于历史惯性,仍想继续控制魏国。于是两国的关系变得微妙,随着后燕吞并西燕,北方形成了两雄并立的局面,于是魏燕之战一触即发。

395年,后燕皇帝慕容垂不顾自己年老体衰,派出太子带领八万大军征讨魏国。拓跋珪见后燕军队来势汹汹,主动避敌,同时派人截断燕军返回其京城的道路,从抓获的俘虏口中得知慕容垂身患重病。

拓跋珪逼迫俘虏向燕军散布慕容垂已死的假消息,燕军军心开始浮动。拓跋珪这才率军出战,在参合陂(bēi)大败燕军,并坑杀了五万名俘虏。这就是著名的参合陂之战。

此战之后,后燕与魏国实力的天平开始发生倾斜。第二年,慕容垂率军亲征魏国,不久病逝,燕国陷入内乱。

拓跋珪抓住时机,亲率四十万大军大举攻燕,逐步占领了中原地区,魏国成为北方唯一的强国。

▼ 拓跋珪指挥参合陂之战

398年，拓跋珪正式称帝，迁都平城（今山西省大同市），是为道武帝。此前，北方各少数民族过着游牧生活，社会形态基本处于奴隶社会，在经济文化方面明显落后于中原地区。

为了更好地发展魏国，道武帝同时推动封建化和汉化：发展农业，重视屯田；推广学习汉文化；重用汉族官员。他的这些措施，史称"拓跋珪改革"。至此，北魏王朝掀开了新篇章。

后来，道武帝嗜好寒食散，导致精神失常，滥杀了不少大臣，最后被自己的儿子刺死，终年三十九岁。

道武帝一生艰辛坎坷，为孙子太武帝拓跋焘统一北方奠定了良好的基础。

经典原文与译文

【原文】夏四月，改称魏王。五月，车驾东幸陵石。护佛侯部帅侯辰、乙弗部帅代题叛走。诸将追之，帝曰："侯辰等世修职役，虽有小愆（qiān），宜且忍之。当今草创，人情未一，愚近者固应趑趄（zī jū），不足追也。"——摘自《魏书·卷二》

【译文】太祖登国元年夏季四月,改称魏王。五月,道武帝向东前往陵石。护佛侯部的统帅侯辰、乙弗部的统帅代题叛逃。众将领准备追他们,道武帝说:"侯辰等人世代忠于职守,虽然有小过错,应姑且容忍他们。现在正是万事初创阶段,人心不齐,愚蠢凡庸、眼光短浅的人本来就会怀有二心,不值得追。"

励精图治:励,振奋;图,谋求。努力振奋精神,千方百计治理好国家或干好事业。形容一个国家的领导者振奋精神,竭尽全力想治理好国家。

世祖太武帝焘纪

> 拓跋焘（tāo）（408—452年），鲜卑族，字佛狸伐，代郡平城人。北魏第三位皇帝，南北朝时期著名统帅。死后谥号太武帝。

◉ 威服四夷，一统北方

拓跋焘出生时，体态与相貌便与一般的婴儿大不相同，长大后更是聪慧过人。他的祖父拓跋珪——也就是大名鼎鼎的北魏王朝的开创者道武帝——对他赞不绝口，逢人便说："将来能继承和发扬我的事业的，必定是这个孩子！"

拓跋焘少年老成，酷爱习武，块头也比同龄人大出许多。他一直梦想去战场浴血奋战，为魏国的统一大业贡献力量。

拓跋焘十五岁时，父亲明元帝见儿子已出落得俨然将帅的体貌，便册封他为泰平王，担任相国，监管国事。又加授他大将军之职，前往边塞统领六军，抵抗柔然。

拓跋焘带着父亲的期望，率领五万魏军远赴河套。第一次作战，他便展露了天生的军事才能，在战场上冷静地分析时局、沉着自信地指挥兵马，最终击退了敌人。这一战的胜利，预示着一代战神的冉冉升起。

一年后，明元帝去世，十六岁的拓跋焘继位，是为太武帝。太武帝的时代，正值我国历史上十六国时期，各民族间的战乱已经持续了一百多年。因此，太武帝从小就立下了平定天下、混一华戎的志向。

太武帝即位时，魏国的北面有强悍的游牧民族柔然，他们的骑兵威震天下；南方有经济繁荣的汉族政权刘宋王朝；周边还分布着众多小国。面对如此复杂的形势，稍有不慎，便有亡国之灾。

太武帝继位的第二年，柔然可汗觉得魏国皇帝年少寡识，朝廷内一定人心涣散，于是亲自指挥六万骑兵杀入北魏故都盛乐城，包围云中郡，烧杀抢掠。

太武帝连夜率领两万余骑兵赶往云中郡，当他们到达目的地后，立即被敌军团团包围，多达五十多圈。眼见双方兵力如此悬殊，北魏将士齐刷刷地把目光投向太武帝。

▲ 太武帝指挥突围

太武帝虽然年方十七岁,但早已是常胜将军。在这危急时刻,他镇定自若,身先士卒,带领侍卫亲军奋力拼杀。即使身边的侍卫相继战死,也没有丝毫胆怯和退缩。

太武帝的勇健孔武,极大地提振了军心,全军人马无不舍生忘死,所向披靡,终于击退了柔然。

此后的二十五年间,太武帝先后十三次进攻柔然,使得这个草原民族再也没有东山再起。

426年十月,太武帝发动了对胡夏的战争。正值白雪皑皑、天寒地冻,太武帝率领两万骑兵从冰上渡河,来到了距离夏国首都统万城仅三十里的小镇。

此时,夏国国主赫连昌正在宫中大宴群臣,喝得酒酣耳热,突然,手下人失魂落魄地冲进来,边跑边喊道:"不好了,不好了!魏兵进城了!"

赫连昌吓得酒意全消,慌忙召集部队迎战,大败而退,最后只好关闭宫门死守。太武帝掠得大量百姓,缴获许多辎重后退兵。随后的两年里,北魏连续进攻胡夏,最终生擒赫连昌,使得胡夏名存实亡。

后来,太武帝又先后灭掉了仇池、北燕、北凉等国,最终在439年统一了北方,结束了长达一百多年的五胡十六国的分裂局面。

自从西晋灭亡之后,我国就形成了南、北对峙的局面。450年,南朝宋文帝下诏北伐。太武帝听说此事,写信讥讽他,说:"你想来我这儿散散心,也不是不可以,我不会亲自迎接你,也不会欢送你。你如果实在讨厌自己的住处,咱俩可以换换!"还特地给他送去了马匹和药物。正是此次交战,太武帝最终实现了"饮马长江"的夙愿,而宋文帝只落得"仓皇北顾"的结局。

太武帝在位期间,不仅施展了杰出的军事才能,而且在治理国家方面也很有成就。他继位后重用汉族大臣,改革官制,推崇儒家,发展农业、畜牧业,严明赏罚,政令

魏书·世祖太武帝焘纪

严肃。

有一次，有人举报尚书令刘洁贪污纳贿、买官卖官，而刘洁是太武帝一手提拔上来的，太武帝很信任他。太武帝听说此事后，十分生气，命人抓捕了刘洁，并将他斩首。

北魏太武帝戎马一生，吊民伐罪；但在晚年时性情暴躁多变，滥用刑罚，给自己埋下了祸根。452年，拓跋焘被奸臣杀害，终年四十五岁。

经典原文与译文

【原文】群臣白帝更峻京邑城隍，以从《周易》设险之义，又陈萧何壮丽之说。帝曰："古人有言，在德不在险。屈丐蒸土筑城，而朕灭之，岂在城也？今天下未平，方须民力，土功之事，朕所未为，萧何之对，非雅言也。"——摘自《魏书·卷四》

【译文】群臣禀报太武帝，请求将京城的城墙修建得更加险峻，以遵从《周易·坎卦》记载的王公设险守国的道理，又陈述西汉丞相萧何主张将皇宫修得很壮丽、以彰显朝廷威仪的观点。太武帝说："古人曾经说过，治理国家在于德政而不在于地势险要。赫连屈丐用蒸熟的泥土修筑了坚固的城墙，却被我灭掉了，这难道是因为城墙吗？现在天下还没有平定，正需要使用民力，大兴土木的事情，我不会做，萧何回答刘邦的话，不是正确的意见。"

吊民伐罪：慰问受苦的人民，讨伐有罪的统治者。征讨有罪者以抚慰百姓。

饮马长江：在长江边给战马喝水。指渡江南下进行征伐。

高祖孝文帝宏纪

> 拓跋宏（467—499年），鲜卑族，汉名元宏，出生于首都平城。我国古代杰出的政治家、改革家。北魏第七位皇帝，死后谥号孝文帝。

● 推行汉化改革，促进民族融合

拓跋宏是北魏献文帝拓跋弘的长子，三岁时被立为太子。由于北魏实行"子贵母死"的制度，他当太子之后，生母被赐死，由祖母冯太后亲自抚养。

两年后，献文帝禅让帝位，自称太上皇帝，仍然总揽朝政，五岁的拓跋宏登基，是为孝文帝。孝文帝十岁时，献文帝驾崩，由冯太后临朝称制。

孝文帝自小酷爱学习，年纪轻轻便博览史传，精通儒家经义。祖母发现孙儿过于聪慧，也曾想过除掉他，以免后患。有一年冬天，她故意关他三天禁闭，孝文帝在牢房里又冷又饿,直到大臣们都来求情,才让他逃过一劫。受到祖母严苛对待的孝文帝不仅对她从无怨言,而且还非常顺从。孙儿的生性温良让她心有内疚,从此,更加用心栽培起他来。

北魏王朝作为鲜卑族建立的政权,从道武帝开创以来,便一直注重积极学习汉族的先进文化和制度。随着军事上的胜利,带来的只是疆域的不断扩大,很难改变被征服的各个少数民族的传统制度,因此治理难度不断加大,民族矛盾和阶级矛盾越来越尖锐。

有人曾经统计过,仅在孝文帝即位的前十年,全国就发生了二十多起反叛事件。为了缓和国内的矛盾,冯太后临朝称制期间,实施了一些改革。

490年,冯太后去世,二十四岁的孝文帝正式亲政。孝文帝从小就有统一华夏的理想,又由身为汉人的冯太后抚养长大,便决定在全国实行全方位改革,而其中的关键一步,就是迁都洛阳。

孝文帝心里非常清楚,这个决定一定会遭到很多大臣,尤其是鲜卑上层贵族们的强烈反对,便决定采取迂回策略。

有一天,孝文帝宣布:"朕要带兵南伐!"话音刚落,大臣们便炸了锅。自从朝廷实施俸禄制之后,大臣们满足于每月领取固定俸禄,谁也不想去战场冒险。

而孝文帝的叔父也明确表示反对，孝文帝故意发怒，斥责了他。退朝后，他立即找到叔父，屏退左右说："实不相瞒，此次南伐是假，迁都洛阳才是我的真实意图。洛阳地处黄河中下游地区，经济发达，汉人集中；而平城位置偏远，气候恶劣，百姓又以鲜卑人居多，这里只适合打仗，却并非文治之地。所以，迁都洛阳势在必行啊！"

叔父听后，恍然大悟，赶紧命人去修造河桥，选拔骁勇，秘密协助皇帝实施迁都计划。

万事俱备之后，孝文帝亲率一百多万步骑兵南伐。当时正值秋雨绵绵，经过一个多月的跋涉才抵达洛阳，孝文帝故意让军队在这里短暂休息，然后下令继续南进。众人疲惫不堪，纷纷请求停止南伐。

孝文帝说："此次兴师动众，绝不能无功而返。既然你们不愿南征，不如把都城迁到这里！"鲜卑大臣虽然不乐意迁都，但比起上战场，还不如随了皇帝的心意，于是不敢再有异议。

迁都之后，大批鲜卑人源源不断地涌入内地，他们在语言、服饰、生活习惯方面都不适应，从而引发了新的问题。鉴于此，孝文帝决定推行全盘汉化政策。下令所有少数民族改穿汉服、改说汉话、改为汉姓，鼓励不同民族之间相互通婚。孝文帝下令将皇族的姓"拓跋"改为"元"，

▲ 孝文帝迁都洛阳

并迎娶汉族官员的女儿进后宫。

不难想象，这些改革必然遭到强烈的反对，而其中最富代表性的人物便是太子元恂（xún）。元恂不爱读书，身体肥胖，受不了洛阳的炎热，没有一天不想念在旧都寻欢作乐的日子。

趁着孝文帝出巡，元恂杀害了督促他学汉语、穿汉服的侍从官，计划秘密逃往平城。事发后，元恂被及时围堵，才没有得逞。孝文帝知道后，毫不留情地下令将他废黜。这件事再次昭示了孝文帝推进改革的决心。

孝文帝一边坚决平定阻挠改革的叛乱，一边调整政策、适当退让。比如，他要求政府官员必须说汉语，违者撤职查办；但对于鲜卑族百姓，则规定三十岁以上者，不必说汉语。对长期居住北方的鲜卑贵族及酋长，也允许他们夏季时返回平城居住，不必忍受洛阳的酷暑。这些举措确保了改革的顺利进行。

499年，孝文帝在南征南齐的途中去世，年仅三十三岁。孝文帝的改革缓和了社会矛盾，发展了经济，促进了民族融合与交流。但在他逝世三十五年之后，北魏走向分裂，因此也有人认为是改革过于彻底导致的。

经典原文与译文

【原文】 文明太后以帝聪圣，后或不利于冯氏，将谋废帝。乃于寒月，单衣闭室，绝食三朝。召咸阳王禧，将立之。元丕、穆泰、李冲固谏，乃止。帝初不有憾，唯深德丕等。——摘自《魏书·卷七》

【译文】 文明冯太后因为孝文帝聪明睿智，将来也许会不利于冯氏家族，想要谋划废黜他。便在寒冬腊月，让他身穿单衣,关在室内,三天不给饭吃。召咸阳王元禧入宫,打算立他为帝。元丕、穆泰、李冲执意进谏,才作罢。孝文帝始终对冯太后没有怨言,只是加深了对元丕等人的感激之情。

高瞻(zhān)远瞩(zhǔ):瞻,往高处看;瞩,看见。站得高,看得远。比喻目光远大。

魏书·文成文明皇后冯氏列传

文成文明皇后冯氏列传

> 冯太后（441—490年），原名不详，祖籍长乐郡信都县（今河北省衡水市冀州区）。我国古代杰出的女政治家、改革家。北魏文成帝的皇后、献文帝的养母、孝文帝的祖母，谥号文明，史称文成文明皇后。

● 辅佐三代帝王，奠基汉化改革

冯氏的父亲冯朗是十六国时期的北燕王子，北燕被北魏消灭后，其父成为北魏的一名地方官员，后来因事获罪被杀。按照惯例，年幼的冯氏被没入宫里做婢女。

十四岁那年，冯氏凭借聪慧的个性和秀而不媚的姿色，被文成帝一眼相中，册封为贵人。三年后，冯氏获得入选皇后的资格，但按照宫中惯例，候选人需要手铸金人。冯氏深谙宫中关节，加上聪明才智，最终成功铸成金人，荣升皇后。

021

冯皇后自从来到文成帝身边，两人的感情日渐深厚。她一方面尽己所能，排解文成帝的各种烦恼，给予生活上的体贴关爱；另一方面也耳濡目染地学习了国家高层的政治是如何运作的。

当时，北魏已经统一了我国北方地区，各个民族杂居的情况随处可见，但由于文化和生活习惯不同，冲突时有发生。

文成帝身为鲜卑族皇帝，不仅不排斥汉族文化，而且大力提拔、重用汉臣。在他们的辅佐下，北魏的社会发展稳定，各种矛盾日趋缓和。从后来的历史看，文成帝的治国韬略对冯皇后日后总揽朝政有着深远影响。

可惜，天不遂人愿，冯皇后二十四岁那年，文成帝驾崩。按照旧俗，逝者穿戴使用的车马器物要在三天后全部烧毁。冯皇后目睹爱人的一件件遗物被扔进熊熊大火，痛不欲生，奋不顾身地要冲进烈火中自焚，周围的人都惊呆了，急忙将她救出。

冯皇后的这份痴情和忠心令宫廷侍从、朝廷大臣都增添了对她的敬重和信任。

冯皇后没有生过孩子，文成帝离世后，她十二岁的养子拓跋弘继位，是为献文帝，尊冯皇后为皇太后。献文帝即位后，丞相乙浑见冯太后年轻、皇帝年幼，觉得这对孤儿寡母好对付,就起了篡位的心思。他以为只要朝廷大臣不支持这母子二人,他就有信心一举成功。

于是,乙浑开始在朝廷内到处挑拨离间,同时大力铲除异己,大臣们各怀心思,政权的稳固受到巨大挑战。

有大臣见乙浑如此嚣张,便向冯太后举报他谋反。从来没有管理过朝政的冯太后,其实早就对乙浑有了提防,一直暗中指点献文帝,教他如何有分寸地应付乙浑。

此刻,冯太后收到举报,立即开始秘密布置,派兵抓捕乙浑,将他诛灭三族。为了进一步稳定政局,她即刻宣布由自己全面管理朝政。冯太后果断出手,铲除权臣,表现出果敢善断的政治才干,得到了文武百官的一致信任。

冯太后临朝执政一年半之后,孙子拓跋宏出生。冯太后十分欢喜,决定让初为人父的献文帝亲政,自己退居二线照顾孙子。

献文帝接手朝政之后,颇有作为,贬斥了不少冯太后的宠臣,甚至伺机将她最宠爱的李弈杀了。由此,母子之间产生嫌隙,冯太后发动群臣施压,献文帝被迫将帝位禅让给儿子。

拓跋宏五岁即位,是为孝文帝,因年龄尚小,朝政仍由献文帝总揽。然而,仅仅五年后,献文帝突然暴毙,年

▲ 冯太后临朝听政

仅二十三岁。冯太后再次临朝听政，独揽大权，被尊为太皇太后。冯太后此时历经三朝，开始积极吸取汉族的先进文化及制度，实施改革。

比如，当时北魏的各级官员，从开国以来就没有固定薪俸，之前可以通过战争、赏赐等手段获得财富，等到国家统一时，便只能利用手中特权搜刮民脂民膏，导致官民矛盾日益加剧。

于是，冯太后决定实施俸禄制，按品级给官员们发放固定俸禄，以抑制贪污行为。俸禄制实施不久，孝文帝的舅舅仗着是皇亲，贪污成性，被人举报，冯太后毫不犹豫地大义灭亲。

至此，官场的贪污风气大有改观。俸禄制是冯太后改革的第一步，后来又实施了均田制、三长制等，在制度上保证了政策的延续性，缓和了社会矛盾。

同时，冯太后对孙子的培养也特别用心，祖孙感情非常深厚。冯太后病逝时，孝文帝连续断食五天，大办丧礼，奉上"文明"的谥号。

出于对祖母的孝心，孝文帝还把自己的陵墓修建在冯太后永固陵的附近。孝文帝不仅在感情上非常亲近祖母，在后来推行汉化改革时，也坚定地继续沿用她留下的措施。

文成文明皇后冯氏驰骋政坛近三十年，作为推行汉化改革的奠基人，促使北魏进入了全盛期。

经典原文与译文

【原文】自太后临朝专政，高祖雅性孝谨，不欲参决，事无巨细，一禀于太后。太后多智略，猜忍，能行大事，生杀赏罚，决之俄顷，多有不关高祖者。——摘

自《魏书·卷十三》

【译文】自从冯太后临朝专擅朝政,魏高祖拓跋宏性情向来孝顺谨慎,不想参与决断,事情无论大小,全部禀报给冯太后。冯太后很有智慧谋略,猜忌残忍,能够做大事,生杀赏罚,在片刻之间就决断,经常不征求高祖的意见。

耳濡(rú)目染:濡,沾湿;染,沾染。指经常听到看到,不知不觉地受到影响。

魏书·宣武灵皇后胡氏列传

宣武灵皇后胡氏列传

> 胡太后（？—528年），原名失考，安定郡临泾县（今甘肃省镇元县）人。宣武帝元恪的嫔妃，孝明帝元诩的生母。死后谥号灵，史称宣武灵皇后。

◉ 耍尽心机谋政权

胡氏从小聪慧机敏，多才多艺，跟着姑姑学得了不少佛理。她的姑姑是尼姑，经常进宫为宣武帝宣传佛经教义。姑姑一直记得，曾经有相士预言侄女是大富大贵之人，前途不可估量。于是，每次进宫讲佛，便不遗余力地夸赞侄女。宣武帝听说有这么一位才貌双全的女子，便召她进宫做了嫔妃。

入宫后，其他妃子因为"子贵母死"的制度，常常祈祷自己不要生太子，唯独胡氏天天期盼自己能生个儿子，还对其他妃子说："国家的制度虽然苛刻，如果能为皇上生一个皇太子，我死不足惜。"后来，她真的为宣武帝生下了儿子。

宣武帝大喜，特地从良家妇女中挑选乳母和保姆来喂养，并且安置到另外的宫室，胡氏与其他嫔妃都不能看护。后来，这个孩子被立为太子，按照北魏的传统，胡氏要被处死，但经过大臣们和皇帝的一番操作，她不仅没有被杀，反而荣升为贵嫔。三年后，宣武帝驾崩，太子即位，是为孝明帝，尊胡氏为皇太妃。胡太妃为了实现临朝听政的夙愿，设法逼迫皇太后出家为尼，尊自己为皇太后，正式代替孝明帝总揽朝政。刚开始，胡太后特地令人打造申诉车，亲自坐车出巡，接受官员和百姓的申诉，及时处理冤情。总体来说，获得很多好评。

随着地位的稳固，胡太后的政治野心逐渐膨胀。开始时，大臣们称她为殿下，她下"令"处理朝政；后来，她改"令"为"诏"，群臣称她为陛下，她自称朕。接着，胡太后向大臣们提议，想要自己替代年幼的孝明帝祭祀祖先，大臣们一致否决。胡太后不死心，又请另一位大臣帮忙，这位大臣终于用东汉太后进献祭品的先例，说服了其他大臣，于是她欢喜地代行了祭祀大礼。

通过持续努力，胡太后的地位不断稳固，开始变得为所欲为，而且私生活很不检点，逐渐被天下人厌恶。后来，她一手提拔的妹夫元叉，仰仗她的关系，十分嚣张跋扈，且常与清河王元怿发生冲突。元怿是皇帝的叔父，也与胡太后关系匪浅，而且能力出众，威望很高。元怿多次依法惩办元叉，元叉对他恨之入骨，为了免除后患，元叉便计划伺机除掉元怿。

有一天，元叉借进宫见孝明帝的机会，跟宦官刘腾里应外合，先把胡太后骗到后宫软禁，然后在宫殿外守着元怿，等到元怿出现，立即诬陷他造反。孝明帝年少，听信了他们的谎话，便下令杀了元怿。自此，元叉、刘腾把持朝政，朝廷内矛盾更加恶化。直到三年后刘腾去世，元叉放松了警惕，胡太后才有机会联合孝明帝，设计解除了元叉的兵权，将其赐死。

胡太后再度临朝，自知不被皇室成员喜欢，便大力在宫中栽培党羽。孝明帝慢慢成年，知道了母亲的事情，母子关系日益紧张。为了不让自己的权力受到威胁，胡太后监视并除掉了儿子身边所有的亲信。有一天，孝明帝突然离奇去世，朝野愤慨感叹。恰在此时，孝明帝的女儿出世，胡太后便对外谎称生了太子，并立为皇帝。等到人心安定，她又宣布孝明帝生的是女儿，并找来皇亲家三岁的儿子册立为帝，是为北魏幼主。文武百官见胡太后如此胡作非为，视国事如同儿戏，更加人心涣散。

北魏地方实力派将领尔朱荣的女儿，是孝明帝的妃子，

▲ 胡太后被沉黄河

尔朱荣听说皇帝猝然离世，怀疑是胡太后所为，以此为借口，从北方一路南下，迅速占领京城洛阳，并最终将胡太后沉入黄河。胡太后就此结束了极不光彩的一生，北魏政权也开始走向没落。

经典原文与译文

【原文】太后以肃宗冲幼，未堪亲祭，欲傍《周礼》

夫人与君交献之义,代行祭礼,访寻故式。门下召礼官、博士议,以为不可。而太后欲以帷幔自鄣(zhāng),观三公行事,重问侍中崔光。光便据汉和熹邓后荐祭故事,太后大悦,遂摄行初祀。——摘自《魏书·卷十三》

【译文】胡太后因为肃宗年幼,不能亲自祭祀,想要根据《周礼》记载的夫人与国君交替献酒祭神的义理,代替皇帝举行祭祀,访求过去的先例。门下省召集礼部官员、博士商议,认为不能这样做。而胡太后想用缯(zēng)帛遮住自己,观看三公代理祭祀,反复询问侍中崔光。崔光就引用了东汉和熹太后邓绥进献祭品的先例,胡太后大喜,于是代行首次祭祀。

荼(tú)毒生灵:残害人民,伤害百姓。

崔浩列传

> 崔浩（381—450年），字伯渊，清河郡东武城（今河北省故城县）人。北魏杰出的政治家、战略家。

辅佐三代皇帝，谋定北方统一

崔浩出身于名门望族清河崔氏，他的母亲来自范阳卢氏，也是大世族家庭。

崔浩出生在如此优越的家庭，自小爱好文学，聪慧过人，除了精通儒家经史、诸子百家，还对阴阳术数非常有研究，二十岁左右就已经入朝为官。

受家风影响，崔浩的书法水平也超凡脱俗。道武帝非常欣赏他的书法，特地安排他在身边工作。道武帝晚年时，经常服用寒食散，性情捉摸不定，无故惩罚身边的官员，大臣们都尽力躲着他。只有崔浩还像往常一样，恭勤不怠，有时甚至整天都不回家。道武帝知道后，特地派人送粥给他吃，以表赞赏。

魏书·崔浩列传

　　道武帝的儿子明元帝继位,崔浩不仅得到提拔,而且每逢举行祭祀大典,他和父亲都会乘坐朝廷派来的轩轺(yáo)车参加祭祀,这份来自皇家的荣宠令众人艳羡不已。明元帝非常信任崔浩,凡是有重要国事,都找他商量。

　　有一年,北魏都城平城发生了罕见的灾荒,饿死很多百姓。有大臣提议迁都,明元帝有些举棋不定,想听听崔浩的意见。

▼ 崔浩与父亲乘坐朝廷派来的轩轺车参加祭祀

崔浩说:"迁都不是长久之计,只能暂时解决秋季的饥荒。如果迁都,会让百姓水土不服、士气沮丧,导致疾病流行,甚至柔然、胡夏等国也可能会趁机攻打我们。再说,只要能挨到明年春季牧草长出,那时乳酪充足,再加上蔬菜瓜果,便能坚持到秋收……"

明元帝几乎就要被说服,但还是有点不放心,便问道:"万一挨不到秋季,或者秋季收成不好,又如何应对呢?"

崔浩胸有成竹地答道:"如果真是这样,请陛下把最穷的民户分散到各州去,解决吃饭的问题。如果来年秋天仍没有丰收,再想别的办法。总之,千万不可迁都!"等到第二年秋天,百姓们终于迎来了丰收的季节,魏国安全渡过了难关。

明元帝的儿子太武帝继位时,北魏已是北方强国之一,统一北方的宏伟大业便成了他的理想。此时,北魏的敌人除了胡夏、北燕、北凉等政权外,还有强大的柔然骑兵,他们经常南下犯边。

统一北方的议程虽然已经迫在眉睫,但首先攻打谁,魏国内部没有统一的意见。太武帝深知崔浩的才能,将他当成最重要的谋臣。

有一年,胡夏国的皇帝去世,几个儿子正在上演抢争夺王位之战。崔浩认为攻打夏国的时机已到,便进谏说:"陛下,现在攻打胡夏,占尽天时地利,正是好时机,夏国必亡。"

大臣们听后纷纷议论,有的主张先打柔然,有的主张先攻北燕。崔浩据理力争道:"夏国内部四分五裂,民心涣散,此时对战,我们必胜!"

太武帝采纳了他的建议,果断率兵直捣胡夏的京城。正好遇到沙尘暴,天气十分不利,有人建议收兵避风,但被崔浩阻止,并建议采用分兵夹击的战术,最后,夏军全面溃败。

随后,太武帝又决定攻打柔然。可是,他的决定遭到了大臣的强烈反对,大家担心,假如魏军北伐柔然,宋军再从南面杀过来,魏国就会腹背受敌。

崔浩信心满满地对太武帝说:"陛下,臣以为宋国自皇帝刘裕去世后,元气大伤,他的儿子刘义隆不足为惧,对我们再也构不成威胁。另外,夏国气数已尽,倒是北边的柔然一直是最大的威胁,必须趁其毫无防备之时,长驱直入,打得它永无翻身之日!臣唯独担心,各位将领不肯深入进攻,无法获得全胜。"

太武帝最终采纳了崔浩的建议,远征柔然,果然取得了关键性胜利。柔然主力溃败,逃往远方,魏军将领害怕中埋伏,劝太武帝撤退。

太武帝班师回朝,不久便得到情报,如果魏军再前进两天,就能全歼柔然军队,跟崔浩当初预计的一样,太武帝因此后悔不已。

崔浩崇尚儒教和道教,痛恨佛教,在他的影响下,太武帝发起了全国性的灭佛事件,导致朝野之间怨声载道,崔浩因此招致了许多仇人。

崔浩晚年受命编写国史,为了体现秉笔直书的史家传统,他将记载的鲜卑族祖先不光彩的历史也都公开刊刻,又得罪了鲜卑贵族。

太武帝下令抓捕崔浩,判处他灭门之罪,崔浩就此被杀,终年七十岁。崔浩卓越的军事谋略对太武帝统一北方起到了决定性作用。

经典原文与译文

【原文】太祖季年,威严颇峻,宫省左右多以微过得罪,莫不逃隐,避目下之变。浩独恭勤不怠,或终日不归。太祖知之,辄命赐以御粥。其砥直任时,不为穷通改节,皆此类也。——摘自《魏书·卷三十五》

【译文】太祖晚年,非常严厉,刑罚也很严酷,宫中近臣经常因为小错而获罪,没有人不逃避隐匿,以躲避眼前的意外。唯独崔浩恭敬勤勉、毫不懈怠,有时候整天不回家。太祖知道情况后,经常下令将自己吃的粥赏赐给他。崔浩公平正直,任凭时事变化,不因为仕途的阻滞或顺利而改变操守的情形大多与此相似。

恭勤不怠(dài):恭敬勤勉,毫不懈怠。

尔朱荣列传

> 尔朱荣（493—530年），契胡族，字天宝，北秀容郡（今山西省忻州市）人。北魏末年将领、权臣。

● 北魏王朝的掘墓人

尔朱荣的祖先是来自中亚的伊兰人，后来在尔朱川（今山西省北部）定居，因此便以尔朱为姓。

尔朱荣祖上都是部落酋长，跟随北魏皇帝南征北战，连续数代都担任将军。尔朱荣灵活机敏，处事果断，孝明帝时继承了父亲的爵位。

当时，北魏正处于兵荒马乱、农民起义不断的时代。尔朱荣眼见天下即将大乱，便散尽家财招兵买马，组建了一支四千多人的强悍骑兵队伍。

自从北魏孝文帝迁都洛阳之后，魏国的政治、经济中心南移，长期在北方六镇戍守的官兵们被边缘化，地位不断降低，加上连年发生自然灾害，最终引发了六镇起义。尔朱荣经过多年征讨，最终帮助朝廷平定了此次起义。

在此过程中，尔朱荣随着实力的膨胀，已经不甘心做一个地方军阀了。他十分注意网罗人才，帐下聚集了一批有才能的将领，如高欢、贺拔岳、侯景、宇文泰等人。后来的事实证明，他亲手选拔出来的将领，都成了称霸一方的雄主。

正在尔朱荣野心勃勃地有所图谋时，机会很快出现了。当时的北魏朝廷由胡太后总领朝政，她的儿子孝明帝只是傀儡。

胡太后权力欲望极强，随着孝明帝逐渐长大，母子俩嫌隙越来越大。为了从母亲手中夺权，孝明帝颁发密诏，下令尔朱荣进兵洛阳。

不料，就在尔朱荣发兵前夕，孝明帝突然驾崩。尔朱荣听说这个消息后，一面宣言要查清孝明帝的死因，一面拥立献文帝的孙子元子攸为皇帝，是为孝庄帝。随后，尔朱荣率军进入洛阳，将胡太后和她册立的幼帝扔进了黄河。

尔朱荣拥立了新皇帝，处理了胡太后，按理说为国家立了大功，也足以掌控朝政。然而，他想到自己之前一直在北方，担心在京城没有根基，难以控制局面，便想通过诛杀树立威信。

于是,尔朱荣以奉迎新皇帝祭天为名,把文武百官诱骗到河阴(今河南省孟津县),布置骑兵把他们团团围住,大声斥责说:"国家之所以被搞得乌烟瘴气,都是你们这些无用的臣子所为,留你们何用!"

现场一千三百多名官员面面相觑,正想着如何辩解,只见骑兵们一拥而上,不多时就把所有在场官员杀了个精

▼ 尔朱荣发动"河阴之变"

光,其中皇弟、皇兄也被杀害,史称"河阴之变"。

"河阴之变"一举铲除了所有迁都洛阳的汉化鲜卑贵族和在北魏做官的汉族大家,北魏政权至此萎靡不振,尔朱荣也由此彻底走到了北魏皇室的对立面。

尔朱荣滥杀无辜,引起了北魏官员的普遍仇恨,他不敢定居洛阳,便由孝庄帝名义上主持朝政,自己回到大本营晋阳城(今山西省太原市)遥控。

此时,北边的农民起义风起云涌,其中最大的一支由葛荣统领。葛荣指挥三十万大军南下围攻北方重镇邺城(今河北省临漳县),尔朱荣闻讯,率领七千名骑兵前往抵抗。鉴于敌强我弱的态势,尔朱荣先把部队埋伏于山谷间,再把骑兵分成三人一组,一次性派出几百组,击鼓前进,扬起巨大的尘土,使得葛荣看不出自己兵力的多寡。

另外,尔朱荣在战前还给每个士兵发配了木棒放在马侧,方便近距离搏斗使用。决战时刻,尔朱荣身先士卒,出现在葛荣军队的后方,率领精锐骑兵四处冲杀,与前军前后夹击。葛荣军队搞不清来了多少敌人,纷纷投降,葛荣被生擒。尔朱荣以迅雷不及掩耳之势歼灭葛荣贼兵,北魏朝廷大军还没有出动,就已经风平浪静了。

之后,尔朱荣又平定了河北刑杲(gǎo)领导的流民起义,击败了南朝梁国的进攻,荡平了关陇(今陕西省关中、甘肃省东部一带）地区的叛乱，基本平定了北方。

随着军事上的节节胜利，他的野心更加昭然，与孝庄帝的矛盾越来越尖锐。不久，尔朱荣请求入朝，孝庄帝明白，摊牌的时刻到了，便开始与心腹大臣策划刺杀尔朱荣。

当时，尔朱荣的女儿是中宫皇后，即将临产，孝庄帝便对外宣称皇子出生，派人通知尔朱荣入宫探望。尔朱荣原本就十分自信，认为孝庄帝绝不敢对自己不利，此次又喜得外孙，丝毫没有怀疑，径直入宫，结果被孝庄帝一刀毙命。

尔朱荣死后不久，他亲手建立的军事集团迅速分裂，他麾下的得力干将高欢和宇文泰，分别拥立元氏宗室为帝，各自建立了东魏和西魏，直接促成了北魏灭亡。后来，高欢的儿子废东魏皇帝，建立北齐；宇文泰的儿子废西魏皇帝，建立北周。至此，元魏政权彻底终结。

纵观尔朱荣的一生，可以看出其具备出色的军事才能，但绝非一个善于权谋的政治家。

经典原文与译文

【原文】荣之入洛，有人告荣，云帝欲图之。荣即具奏，帝曰："外人告云亦言王欲害我，我岂信之？"于是荣不自疑，每入谒帝，从人不过数十，又皆挺身不持兵仗。——摘自《魏书·卷七十四》

【译文】尔朱荣到洛阳时，有人告诉他，说孝庄帝想加害他。尔朱荣便直接将此消息面奏皇帝。皇帝说："外人报告说，你也想谋害我，我怎会相信呢？"于是，尔朱荣便不再怀疑，每次入宫谒见皇帝，跟从的人不过几十个，又都空手不带兵器。

词语积累

匡时救弊：匡正时政的弊病。

穷兵黩（dú）武：用尽兵力，恣意发动战争。含贬义，多用来谴责好战者。

郦道元列传

郦（lì）道元（466—527年），字善长，范阳郡涿县（今保定市涿州市）人。我国历史上著名的地理学家。

🟢 名垂青史的地理学大家

郦道元的父亲在北魏担任地方官，郦道元少年时便跟随父亲游历了许多地方，因而养成了观察山川风貌的兴趣，激发了对大好河山的热爱。

在游历山水的同时，郦道元勤奋好学，广泛阅读各类奇书，尤其对地理方面的书籍爱不释手。

长大后，他不仅读遍了所有跟地理知识有关的书籍，而且深入研究书中的内容，发现其中存在的问题，力求了解透彻，因此具备了渊博的知识，成为当时有名的学者。

北魏孝文帝时期，郦道元的父亲去世，他便承袭了父亲的爵位。

有一年，郦道元跟随孝文帝出巡北方，因为执法公正严明，得到朝廷大臣的举荐，被提拔任用。几年后，当年举荐他的大臣被弹劾，郦道元也受到牵连被免职。

等到宣武帝时期，郦道元先后在多地担任地方官。所到之处，他都坚持秉公执法，为政严苛，百姓们对他又怕又敬，一些奸人盗贼纷纷逃离他的辖境，社会治安因此大为好转。与此同时，他还修建学校，推广教育，朝廷对他的做法大加表彰。

后来，郦道元被调到东荆州（今河南省泌阳县）担任长官，当地百姓嫌他执政过于严苛，便到朝廷告状，并请求前任长官回来复职。不久，这位前任官员和郦道元都因犯事被朝廷免职。

郦道元赋闲在家，决定完成少年时未完成的梦想，那就是为三百多年前的一部地理著作《水经》作注。《水经》是我国第一部记录水系的专著，全书仅一万多字，简要概述了全国一百三十七条主要河流的水道情况，记述简略，而且地理情况也随着时间发生了很多变化。郦道元准备在《水经》的基础上再创作，以求真实反映地理面貌和历史的变迁。

郦道元在各地为官的这些年，每到一个新地方都会进

▲ 郦道元考察山水

行实地考察，了解当地的地理、历史和风土人情等，掌握了大量第一手资料。他还经常向当地人请教，了解古今水道的变迁及河流的源头所在和流经的地区。同时还查阅了大量文献资料，书中引用的各类著述接近五百处。对于经过实地考察或研究资料后仍没有确切答案的，他都会在书中说明。

《水经注》共四十卷，三十多万字，以《水经》为纲，详细记录了一千二百五十二条大小河流，是我国第一部全面系统的综合性地理著作，对研究我国古代历史和地理具有重要的参考价值。《水经注》不仅是我国一部空前的地理学巨著,而且在世界地理学史上也占有重要地位。

《水经注》的内容非常广博,在自然地理、人文地理等多方面具有非常宝贵的参考价值。从地域上讲,书中不仅记录了超越北魏统治范围的全国河流的信息,而且涉及一些外国的河流。从内容上讲,书中不仅描述了每条河流的干流、支流、宽度、深度等水文情况,而且还对每条河流流域内的气候、城镇、历史古迹等做了全面描述。除此之外,书中还记载了历史上三百次左右的大小战役,并对许多战役进行了详细的地形分析和描述。

《水经注》还是一部颇具特色的山水游记,具备较高的文学价值。书中不仅记录了许多碑刻、墨迹和渔歌、民谣,而且对自然景观的描写也是惟妙惟肖,表达了郦道元对自然山水的热爱和赞美。

郦道元的创作中语言生动,文笔绚烂,文风清丽。尤为难得的是,书中还引用了大量珍贵的文献资料,并特别指出不是自己的原创。

自从《水经注》问世,后世学者便不断加以研究,逐渐形成了一门专门的学问——郦学。郦学研究先后出现了三个流派:考据派、词章派和地理学派,其中地理学派最晚出,其任务是如何让《水经注》发挥最大的实用价值。

等到孝明帝时期,当时投降北魏的南齐宗室萧宝夤(yín)意图谋反。孝明帝与朝臣商议后,决定派遣郦道元去安抚他,顺便探明虚实。

萧宝夤本来心有疑虑,又被记恨郦道元的人挑唆,于是将郦道元杀害。郦道元终年六十二岁。

因为刚正不阿、执法如山,郦道元在《魏书》中被写进了《酷吏传》。他的《水经注》为自然科学和人文科学提供了宝贵的研究价值。

经典原文与译文

【原文】道元素有严猛之称。司州牧、汝南王悦嬖(bì)近左右丘念,常与卧起。及选州官,多由于念。念匿于悦第,时还其家,道元收念付狱。悦启灵太后请全之,敕赦之。道元遂尽其命,因以劾悦。——摘自《魏书·卷八十九》

【译文】郦道元向来有严酷的名声。司州牧、汝南王元悦宠信身边的侍从丘念,经常与他寝卧起居。选拔司州的官吏时，很多都由丘念决定。丘念藏匿在元悦的府中，有一次回到自己家中，郦道元将其抓捕并关进监狱。元悦上书灵太后请求保全丘念，灵太后敕令赦免丘念。郦道元于是提前处死了丘念，并因此事弹劾元悦。

刚正不阿（ē）：多讲一个人的性格，指某个人不畏权势，不逢迎、不偏私，行事力求公平、公正。

北齐书

北齐书

《北齐书》由唐代史学家李百药撰写,共五十卷,其中本纪八卷,列传四十二卷,没有表、志,是记载东魏至北齐的纪传体断代史,前后约五十年。《北齐书》集中反映了东魏、北齐王朝的盛衰兴亡,记载了北齐统治者的淫逸残暴,总结了北齐灭亡的教训,还反映了当时的社会、科技、宗教、文化、外交等情况,成为后人研究这段历史的重要史料。

李百药(564—648年),字重规,博陵郡安平县(今河北省安平县)人。唐朝史学家。

李百药出生于官宦之家,他的父亲曾经跟随史学家魏收参与国史修撰,编成《齐史》。李百药从小体弱多病,祖母便为他取名"百药"。他自幼博览群书,富于独立见解。父亲去世后,他被召回朝廷,参与编修《五礼》,后来因卷入隋朝上层的权力斗争而被贬。唐朝建立后,唐高祖听信谗言,李百药以反唐的罪名又被流放。唐太宗即位后,李百药奉命参与修撰《五礼》及律令,并于636年完成《北齐书》的修撰。

神武帝纪

> 高欢（496—547年），字贺六浑，渤海郡蓨（tiáo）县（今河北省景县）人。东魏权臣，北齐王朝奠基人。死后谥号神武帝。

精通权术的北齐奠基人

高欢的祖父曾经在朝为官，后来获罪被流放到怀朔镇（今内蒙古自治区固阳县）充作兵户，便在此安家。高欢的父亲不善经营家产，到他这一代家世已经没落。

高欢出生的时候，母亲去世，姐姐和姐夫抚养他长大。怀朔镇是鲜卑族的聚居地，高欢因为三代居住在北边，成长为鲜卑化的汉人。

成年后的高欢两眼炯炯有神，身形挺拔，高颧（quán）骨，齿白如玉，风度十分少见，并且才智杰出。

有一天，高欢正在城上服役，一位鲜卑贵族女子路过，看到高欢后对他一见钟情。这位贵族女子名叫娄昭君，她从小聪明漂亮，当地许多豪族都想娶她为妻。遇见高欢后，她便主动打发婢女表明自己的心意，经常私下带给高欢礼物，好让他上门提亲。

娄昭君的父母见女儿态度如此坚决，便答应了这桩婚事，并给了她许多陪嫁。高欢凭借陪嫁过来的骏马，很快在兵营里当上了管理一百人左右的队主。

后来，高欢又担任信使，经常去京城洛阳送信。在洛阳，高欢看到胡太后统治下的北魏朝廷，任人唯亲，贪污成风，民不聊生，各种社会矛盾日益恶化，预感到天下即将大乱。他久有大志，便散尽家财，结交英雄豪杰，以待时机。

当时，整个北方地区起义不断，为了实现抱负，高欢先参加了杜洛周起义军，而后归顺葛荣，后来又归顺尔朱荣。

有一天，尔朱荣路过马厩（jiù），看见一匹烈马乖乖地站着，任凭高欢修剪鬃（zōng）毛。尔朱荣十分惊讶，便问高欢："你是怎么做到让马变得这么驯服的？"

高欢坚定地回答："软硬兼施是驯服马的唯一方法。"尔朱荣从此对他信任有加。后来，尔朱荣率军直捣洛阳，除掉胡太后，拥立孝庄帝即位，高欢出力颇多。

有一天，尔朱荣问部下："如果我哪天不在了，谁能

▲ 高欢为烈马修剪鬃毛

继续指挥军队?"部下们一致推荐他的侄子尔朱兆。尔朱荣摇头说:"能够接替我的,只有高欢!"

此时,尔朱荣执掌朝政,便大力提拔高欢,任命他为晋州(今山西省、陕西省大部)刺史。不久,孝庄帝不甘心任尔朱荣摆布,便设计杀害了他。

此后,尔朱荣的侄子尔朱兆杀掉孝庄帝,拥立了一个傀儡皇帝,掌控北魏政权。高欢很清楚尔朱兆的能力,选择了旁观。

果然,尔朱家族猖狂霸道,不得人心,北方六镇屡屡起义。尔朱兆便找来高欢一起喝酒,商量对策。高欢提议派一个可靠的首领管理他们,如果还有人造反,就惩罚这个首领。正在一边陪酒的大臣不知是计,便提议高欢当这个首领。

高欢佯装生气,起身暴打了他一顿,说:"你算什么东西,现在天下事都听大王的安排,轮不到你说话!"尔朱兆心头一热,觉得高欢忠心耿耿,便接受了这个提议。高欢大喜,生怕尔朱兆酒醒后反悔,赶紧召集六镇降兵,组建军营。

不久,高欢正式与尔朱兆决裂。为了让部属死心塌地跟随自己,高欢伪造尔朱兆的军令,谎称要进攻北方的草原骑兵,又假装军令紧急,催促马上出发,彻底激怒了部属对尔朱兆的怒火。

高欢见群情激愤,趁机宣布起兵。随后,双方又在韩陵(今河南省安阳市)一带摆开战阵。当时尔朱兆拥军二十万,高欢仅有三万人。

为了激发全体将士破釜沉舟、决一死战的决心,高欢将牛、驴连系在一起,堵住自家军队的退路,再施以前后夹击的战术,打得尔朱军四处逃窜,直到把尔朱军彻底击溃。

接着,高欢拥立元修为皇帝,是为北魏孝武帝,政权由高欢掌握。孝武帝不甘被高欢摆布，决心与他对抗。高欢率兵攻打洛阳，孝武帝战败，匆忙逃往长安（今陕西省西安市），投奔占据关中（今陕西省中部）的军阀宇文泰。

高欢便拥立十一岁的元善见为帝，是为孝静帝，并迁都邺（yè）城，史称东魏。高欢长居晋阳，遥控东魏朝廷。

宇文泰毒杀孝武帝，拥立元宝炬为帝，以长安为都城，史称西魏。至此，北魏分裂为东魏和西魏。

为了早日结束东西对峙的局面，统一北方，东西魏开始了频繁的交战。十余年，双方互有胜负，但均不能置对手于死地。

546年，高欢率军十万围攻西魏的重要据点玉壁城（今山西省稷山县），日夜攻城，西魏将领韦孝宽率军死守。高欢先后实施了截断城内水源河道，在城南堆起土山以居高临下攻城，挖掘地道，制作攻车撞城，劝降，悬赏诱降等各种手段，全部被韦孝宽化解。两军激战五十多天，东魏军队死伤七万人，大败而回。

高欢忧愤成疾，第二年病逝于家中，终年五十二岁。

高欢生前为了收揽人心，对贪腐官员有所偏袒，加剧了社会矛盾；为了笼络鲜卑族人，刻意忽视与汉人之间的矛盾，加深了民族矛盾。他死后，继任者也没能很好地解决这些问题，最终导致北齐败给了北周。

经典原文与译文

【原文】神武曰："六镇反残,不可尽杀,宜选王素腹心者私使统焉。若有犯者,直罪其帅,则所罪者寡。"兆曰:"善,谁可行也?"贺拔允时在座,请神武。——摘自《北齐书·卷一》

【译文】神武帝说:"六镇之民反叛,不能全部杀掉,应该选派大王素来信任的人统一管理他们。如果有人造反,直接惩罚这位首领,这样受惩处的人就少了。"尔朱兆说:"好,谁能行呢?"贺拔允当时在座,便提议神武帝。

词语积累

破釜(fǔ)沉舟:釜,做饭的锅。把做饭的锅打破,把渡船凿沉。比喻不留退路,做事果决。

文宣帝纪

> 高洋（526—559年），字子进，鲜卑名侯尼于，出生于晋阳县。北齐开国皇帝。死后谥号文宣帝。

● 骁勇善战的开国皇帝

高洋是神武帝高欢的次子，生来其貌不扬，外表木讷，经常被其他兄弟欺负。

高洋小的时候，高欢归附尔朱荣，当时正值战乱，家徒四壁，他的母亲整天为生计发愁。有一天，还不会说话的高洋突然从嘴里蹦出"得活"两个字，母亲惊讶不已。

等到稍微长大，高欢想要测试各个儿子解决问题的能力，故意扔给他们每人一堆乱麻，要求在最短的时间内把乱麻整理好。

众兄弟半天也没理出头绪，只有高洋别出心裁，找出一把快刀，嘟囔着"乱者须斩"，对准乱麻砍下去，随后轻松地抽出一缕缕短麻。神武帝喜出望外，从此坚信高洋

▲ 高洋快刀斩乱麻

一定会有大出息。

高欢去世后，长子高澄接手朝政，高洋接受长兄的安排，在东魏朝廷担任要职，东魏政权牢牢地掌控在兄弟二人手中。

高洋在朝中沉默寡言，尽忠职守，他的表现既打消了高澄的猜忌，又让其他臣僚对他没有防备之心。两年后，高澄在密谋逼迫孝静帝禅位时，被厨奴刺死，东魏朝廷立刻变得动荡不安。

二十四岁的高洋当仁不让，主动接替哥哥执掌朝政。

但满朝大臣不相信他有执政能力,都等着看笑话。

高洋临危不惧,有条不紊地亲理朝政,迅速稳定了局面,朝臣们对他刮目相看。

当时,孝静帝听说高澄被杀,大为欢喜,认为高洋不足为虑,自己终于可以摆脱高氏的掌控。然而,高洋稳定了朝局之后,马上着手谋划称帝事宜。

有一天,高洋带领一班人马冲进京城邺城,胁迫孝静帝禅让帝位,自己正式登基,是为文宣帝。此时,距离他执掌朝政仅仅过去九个月。

西魏权臣宇文泰听说了这一消息,以为北齐一定人心涣散,便率军东进,抵达建州(今山西省晋城市)。为了彰显自己的实力和才能,文宣帝从鲜卑族各部落优选一批鲜卑人,组建宿卫军,号称"百保鲜卑",举行了一场声势浩大的军事演习。

见北齐军队士气饱满、军容严整,宇文泰仿佛看到了高欢当年的雄姿,仰天长叹道:"高欢并没有死啊!"马上撤军西去。此后,北齐与西魏基本处于相安无事的状态,北齐得以集中力量向北方、南方扩张。

文宣帝即位的第二年,恰逢南朝梁国内乱,他趁机扶持梁朝宗室萧绎建国,因此占据梁国北部大片国土,将齐国的疆土拓展至长江沿岸;而萧绎也主动入朝进贡,使得从刘宋王朝以来南北多年对峙的局面得到缓解。

南方得到平定,文宣帝便全力经营北方。当时,北齐的北方分布着众多草原民族,比如柔然、突厥、契丹、山胡等。

每次出战,文宣帝都身先士卒,不戴头盔,赤裸上身,自带干粮,连续几天几夜不休息,千里奔袭进攻敌人。身边的将士见皇帝如此拼命,无不以一当十。

有一年,柔然军队来犯,文宣帝率领两千人迎战,齐军被数万柔然军队包围,文宣帝毫不慌张,睡到天亮才起来,从容布置突围,最后打了个大胜仗。

为了防范北方的骑兵突然进犯,文宣帝前后修筑了几千里长城,设置了二十五所边镇。通过连年的战争,北齐的南北边境均得到拓展,国力达到了鼎盛。

文宣帝执政之初,便着手改革官制。为扼制住官场的贪污腐败,他罢免了不少官员,严格执行给官员发放工资的制度。为了狠杀跑官要官的风气,他下令在官府摆出一根木棒,凡是来跑官要官的人,一律不给他们辩解的机会,先用木棍一顿乱打。

文宣帝还很重视法制建设,他认为前代的律法不完善,下令修订《北齐律》。《北齐律》历时十五年才完成,汇集了当时最优秀的律学世家学者等数十人,成为整个三国两晋南北朝时期成就最高的一部法律，对隋唐及以后各朝法律都有重大影响。

另外，文宣帝还非常重视修史。有一年，他对负责撰写《魏书》的魏收说："你好好编撰国史，我不会像太武帝那样诛杀史官。"不久，魏收因为修《魏书》得罪了不少鲜卑贵族，他们集体要求惩办魏收，但文宣帝没有答应，最终支持魏收完成了这部关于北方鲜卑王朝的历史名著。

文宣帝在位初期，全心全意治国理政，使得北齐成为同南陈、北周鼎立的三国中最富庶的国家。但此后，他开始志得意满，变得荒淫暴虐，又因嗜酒过度而精神失常，最后暴毙，时年三十四岁。至此，北齐日渐衰落。

经典原文与译文

【原文】初，高祖之归尔朱荣，时经危乱，家徒壁立，后与亲姻相对，共忧寒馁。帝时尚未能言，欻（xū）然应曰"得活"，太后及左右大惊而不敢言。——摘自《北齐书·卷四》

【译文】 起初,高祖高欢投奔尔朱荣的时候,当时正经历战乱,家里穷得只有直立的墙壁,娄太后与亲戚们面对面,都为生计担忧。文宣帝当时还不会说话,突然开口说"能活",娄太后和身边的人都大吃一惊而又不敢说什么。

快刀斩乱麻: 比喻做事果断,能采取坚决有效的措施,很快解决复杂的问题。

尽忠职守: 竭尽忠诚,坚守岗位。

兢(jīng)兢业业: 兢兢,小心谨慎的样子;业业,畏惧的样子。形容做事小心谨慎,认真踏实。

兰陵王孝瓘列传

> 高孝瓘（guàn）（541—573年），本名高肃，字长恭，渤海郡蓨（tiáo）县人。北齐宗室、名将，我国古代四大美男子之一。

● 人美心善的皇室名将

高孝瓘是神武帝高欢的孙子，高澄的儿子。高澄意外被杀，弟弟高洋登基，是为文宣帝。高孝瓘因为母亲身份低微，加上文宣帝对侄子的防范，因此仕途不顺。

直到文宣帝末年，才外放担任地方州的刺史。文宣帝死后，儿子齐废帝即位，册封高孝瓘为兰陵王。

兰陵王性格温良敦厚，长相温和但志向远大，声音容貌俱佳，是当时有名的美男子。

此时，北齐国力有所下降，周围都是劲敌：西面是死对头北周，南面是念念不忘收复失地的南陈，北面有库莫奚、契丹、山胡、柔然等少数民族政权，不时骚扰边界。

连年的战争，兰陵王得以逐步展现自己的政治、军事才能，屡屡指挥军队作战。因为长相俊美，兰陵王每次纵横沙场，都戴着狰狞的头盔作为面具。

兰陵王的叔叔武成帝时期，老对手北周前来进攻，直逼北齐重镇洛阳，守城部队已经弹尽粮绝。如果洛阳沦陷，将直接威胁到北齐政权。

武成帝急忙派出名将段韶、斛律（húlǜ）光与兰陵王前往救援。段韶虽然用计击败了北周军队，但终因惧怕敌人的实力，不敢前进。洛阳城内守军苦苦支撑，眼看就要全军覆没了。

这时，兰陵王戴着狰狞的头盔，身穿铠甲，手持利刃，带领五百名骑兵，威风凛凛地杀入北周军队。只见齐军战士个个士气高昂，势如破竹，一路杀到金墉城（今洛阳市东北旧城）下。守城的北齐军队被困多日，不敢贸然开城门，直到兰陵王摘下面具，全体将士立即欢呼雀跃。

随后，两军里外汇合，一起杀向北周军队。周军招架不住，舍弃营帐逃命，从邙山（今洛阳市北部）到谷水的三十里川泽之地，到处都是他们丢弃的兵器。

▲ 兰陵王头戴面具支援洛阳

邙山大战胜利后,兰陵王威名大振,士兵们为了赞美他的英勇表现,作了一首流传至今的《兰陵王入阵曲》。

邙山之战后,武成帝的儿子北齐后主问兰陵王说:"你总是这么勇猛,难道不怕死吗?"兰陵王忠诚地回答:"国事就是臣的家事,个人安危不足挂齿。"

后主听他说是"家事",心里立马"咯噔"了一下,从此开始戒备兰陵王。

为了减少后主的猜忌,兰陵王开始故意贪污受贿。他的亲信起初感到不解,便去问个究竟,兰陵王避而不语。

这名亲信追问道:"大王怕招来嫉恨,故意做自贬身份的事情,对吗?"

兰陵王这才点头,亲信说:"贪污也很容易让朝廷作为把柄,只能招来灾祸而不能避免灾祸。"于是献计:对外声称在家养病,不再管理国事。从此,兰陵王天天祈祷自己生病,生病了也不再医治,希望因此不去带兵打仗。

兰陵王不仅骁勇善战,而且爱兵如子、为人仗义。他在军中,事事亲力亲为,哪怕是得到一些瓜果,也必定与将士们分享,因此深得军心。

有一名小军官举报兰陵王贪污,导致他被免职。不久,兰陵王受命率兵征战,这名军官正好在这支部队任职,于是成天惴惴不安。

兰陵王听说此事后,说:"我本来就没想过要报复他。"为了让他安心,便故意找了个很小的过错,处以杖责二十次的轻微惩戒。

还有一次,兰陵王上朝,路上与仆从走失,只剩下他一个人。他安然上朝、退朝后,独自回家,并没有责罚任何人。

武成帝曾经下令奖赏兰陵王的战功,特意安排买了二十名小妾赠送给他。兰陵王执意推迟,最后只接受了一名小妾。

正是因为兰陵王有这么出众的人品和能力，因此深得大家的拥戴，但也因此招来了杀身之祸。

573年，对兰陵王忌惮已久的北齐后主派人赐给他毒酒。临死前，兰陵王说："我对国家忠心耿耿，从来没有辜负过皇帝，他为什么毒死我？"王妃问他："为什么不向皇帝当面解释呢？"兰陵王说："皇帝怎么可能见我呢？"于是安然喝下毒酒。

兰陵王是北齐皇族中的佼佼者，也是北齐末年最优秀的将领，他死之后，北齐再也没有能独当一面的将领。四年之后，北齐灭亡。

经典原文与译文

【原文】邙山之败，长恭为中军，率五百骑再入周军，遂至金墉之下，被围甚急。城上人弗识，长恭免胄示之面，乃下弩手救之，于是大捷。武士共歌谣之，为《兰陵王入阵曲》是也。——摘自《北齐书·卷十一》

【译文】邙山的战斗失利，高长恭统领中军，率领五百名骑兵再次进入北周军队，于是到达金墉城下，被北周军队围困,情况十分危急。守城的齐军不认识高长恭,高长恭脱下头盔给守军看自己的脸,于是守军派出弓箭手一起救护,最终,齐军打了大胜仗。武士们一起唱歌歌颂兰陵王,唱的便是《兰陵王入阵曲》。

功高盖主:臣子的功劳很大,又不懂得掩饰自己的锋芒,使君王感受到威胁而心存疑虑。

斛律光列传

> 斛律光（515—572年），敕勒族，字明月，朔州（今山西省朔州市）人。北魏到北齐时期名将、军事家。

🏵 百战百胜的射雕名将

斛律光出生于北方游牧民族，父亲是历经北魏、东魏、北齐三朝的名将。斛律光从小擅长骑马射箭，因武艺精湛而闻名。十七岁那年，他跟随父亲西征。交战中，他骑在飞马上一箭射中北周文帝宇文泰的丞相，并将其活捉。从此赢得神武帝高欢的赏识。

等到高欢的长子文襄帝高澄执政之时，斛律光已升任将军。有一次，他陪同高澄去郊外打猎，看到一只大鸟正在天空展翅翱翔，便弯弓搭箭，只听"嗖"的一声，正中大鸟要害，大鸟旋转着摔在地上，一看是只大雕。高澄大喜，

▼ 斛律光射雕

夸赞了很久。从此，斛律光便有了"落雕都督"的美称。

高澄死后，弟弟文宣帝高洋建立北齐。斛律光跟随文宣帝出征，在对北周的战争中屡屡获胜。高欢的第六子孝昭帝高演在位时，为太子高百年迎娶斛律光的大女儿为太子妃。

后来，高欢的第九子武成帝高湛即位，为了奖赏斛律光的战功，为太子高纬迎娶斛律光的二女儿为太子妃。564年冬天，北周武帝率兵十万攻打洛阳。斛律光率领五万骑兵紧急行军赶赴洛阳，两军在邙山交战。斛律光射杀周军一员主将，斩首三千多敌军，致使尸体堆积成山，并缴获了敌军所有的辎（zī）重。另外两名周军主将只身逃脱。武成帝大喜，亲临洛阳给斛律光颁赏策勋，提升官爵。第二年，武成帝禅位给儿子高纬之后，将斛律光的女儿册立为皇后。

后主高纬即位的第三年冬天，北周又派将领围攻洛阳，阻断了齐军的粮道。斛律光奉后主之命，率领三万步兵、骑兵前来营救。齐军在路上又遇周军，斛律光披坚执锐，率先冲锋，大败周军，直抵宜阳（今河南省洛阳市属县）城下，与防守的周军对峙。双方相持超过一百天，仍没有解宜阳之围。于是，斛律光带兵筑城，最终疏通了宜阳的粮道。

斛律光率军撤退，五万周军急忙追击，斛律光指挥骑兵回军猛攻，大败周军。周军主将不甘心，又联合几员大将，带领三万步兵、骑兵,拦击斛律光的部队。斛律光也联合其他将领会师出击,周军又一次失利。同年冬天,斛律光率兵五万与北周大将韦孝宽的部队激战,并包围了北周境内的定阳城(今山西省吉县),一万多户汉人、胡人前来归附。

第二年,斛律光在汾河北岸修筑了十三座城,开拓土地五百余里。北周大将韦孝宽率军从玉壁攻打齐军,被斛律光的部队打败。不久,周军又围攻宜阳,十万火急之时,斛律光率兵五万前来援救,两军在城下大战,周军溃不成军,被俘一千余人。

斛律光率军凯旋,还没有抵达京城邺城,就接到解散兵卒回家的敕令。斛律光认为朝廷应该先行赏赐,否则兵卒即便回家,也容易作乱,于是一边秘密上奏请求,一边继续领军前进。但直到抵达京郊,朝廷使者都没有出现,斛律光下令兵卒就地扎营待命。后主听说了这个消息,大吃一惊,马上派人召见斛律光,赏赐众军后遣散。

到这时,斛律光为国征战四十年,立下赫赫战功。他的父亲在军中威望就很高,他的子侄全都封侯为将,一个女儿是皇后,一个女儿是太子妃,整个家族共迎娶了三位公主,他的弟弟也身居高位。斛律家门第之盛,无出其右。斛律光因此十分担忧,始终谨言慎行,不预朝政,而且生活节俭,拒绝受贿,从不结交宾客。

北周名将韦孝宽与斛律光交战从未得胜,见北齐后主昏庸无能,宠信奸佞,而斛律光性格耿直,又是荣誉加身的常胜将军,一定会招来奸臣的嫉恨。韦孝宽便编了一个童谣,说"百升飞上天,明月照长安",派人在北齐京城到处传唱。嫉妒斛律光的人乘机向后主报告,解释童谣说,"百升"为一斛,"明月"是斛律光的字,进而诬告斛律光有篡位的野心。

后主吓得一脸惨白,便策划了一场诱杀斛律光的骗局。不久,后主下诏赐给斛律光一匹骏马,斛律光入宫谢恩,就此被杀,终年五十八岁。

韦孝宽没费一兵一卒,便除掉了斛律光。北周武帝高兴得大赦天下,五年后,他亲自出征,攻灭北齐,下诏追赠斛律光为上柱国、崇国公,又指着诏书说:"如果斛律光还活着,我哪里能攻下邺城?"

斛律光与北周对抗二十多年,对战几百场,几乎全胜。后主听信谗言,错杀忠臣,直接导致了北齐的灭亡。

经典原文与译文

【原文】尝从世宗于洹(huán)桥校猎,见一大鸟,云表飞飏（yáng），光引弓射之，正中其颈。此鸟形如车轮，旋转而下，至地，乃大雕也。世宗取而观之，深壮异焉。丞相属邢子高见而叹曰："此射雕手也。"当时传号落雕都督。——摘自《北齐书·卷十七》

【译文】斛律光曾经陪同齐世宗高澄在洹桥打猎，看见一只大鸟，正在天空飞翔，便拉弓射它，正好射中它的脖子。这只鸟形状像车轮，旋转着落下来，掉在地上，原来是一只大雕。世宗拿过来看，惊叹于其高超的技艺。丞相属官邢子高见状，赞叹说："这真是射雕手啊。"当时的人便称他为"落雕都督"。

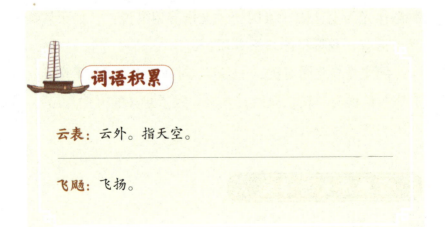

云表：云外。指天空。

飞飏：飞扬。

魏收列传

> 魏收（507—572 年），字伯起，小名佛助，钜鹿郡下曲阳县(今河北省晋州市)人。北齐文学家、史学家。

折节成才的史学大家

魏收的祖父曾得到一位北魏重臣的器重，迎娶了这位重臣的女儿。魏收的父亲也因此在北魏朝廷担任高官。

魏收从小机敏灵活，不拘小节。有一年，他跟随父亲巡视边疆，爱上了骑马射箭，便立下大志，将来要靠武艺建功立业。

一位随行官员调侃他说："魏郎，你会使用多少兵器呢？"魏收感到惭愧，从此改变志趣，发奋读书，十五岁便熟练掌握了文章的写法，因文采斐然而闻名。

北魏权臣尔朱荣死后，节闵帝即位。有一次，节闵帝下诏测试群臣，让魏收起草封禅书。魏收当场挥毫，洋洋洒洒写了近千字,没有打草稿,全文几乎无需动笔修改。

一位大臣见状,忍不住夸赞道:"魏收的才华绝对在七步成诗的曹植之上!"不久,魏收受命参与国史编撰,时年二十六岁。

后来,高欢拥戴北魏孝武帝即位。有一次,孝武帝想授予高欢天柱大将军的职务,高欢坚决辞让。孝武帝让魏收起草诏书,准备同意高欢的请求,想任命他为相国。

孝武帝又问相国的品级是多高,魏收如实回答,孝武帝便放弃了这个想法。事后,魏收才发现自己过于疏忽,没有揣测出孝武帝和高欢的心思,将两人都得罪了。他心里很不安稳,便辞去官职。

过了很久,朝廷才安排魏收给孝武帝的儿子广平王担任幕僚,从中央大员变成了地方属官。虽然不久后又调任中央,但魏收察觉到孝武帝的猜疑,又辞去了官职。此时,魏收的才名已经传遍天下,与温子升、邢子才齐名,被世人称为"北朝三才子"。

当时,北魏朝廷的真正掌控者是定居晋阳的高欢。后来,魏收得到去晋阳任职的机会,不仅没有得到器重,还时常被斥责、鞭打。直到高欢的宠臣司马子如委婉劝解,魏收的处境才稍微好转,但也得不到优待,便请求继续撰修国史。经过高欢的大儿子高澄的举荐，魏收终于如愿以偿。

东魏建立后，孝静帝想任命高欢为相国，高欢坚决推辞，让魏收起草奏章。奏章写好之后，高欢对高澄说："这个人应该又是一个崔光。"崔光是北魏文豪兼史学家，高欢给出如此肯定的评价，意味着魏收获得了认可。

有一天，高欢大宴群臣，对司马子如说："魏收任史官，记录大家的善恶。我听说，有很多权贵经常给他送礼物，司马先生你是否也送过礼啊？"两人相视大笑。高欢又对魏收说："你别看有些人天天在我面前晃，我就认为他们很勤劳。我心里跟明镜似的，我死后能不能流芳百世，还不是你这个史官说了算！"不久，魏收便升了职。

高欢死后，高澄继位。大将侯景不服高澄，起兵造反，随后投奔梁朝。高澄命令魏收写檄文，魏收不到一天，便写下了一篇五十多页纸的檄文。接着，魏收又奉命写给梁朝的檄书，要求梁朝归还侯景，他只花了三个时辰，便写满七页纸。高澄对他赞赏不已，说："我朝拥有魏收，是国家的光彩。"

高澄遇害后，弟弟高洋继位，建立北齐，是为文宣帝。有一天，文宣帝让众臣表达自己的志向，魏收说："我一定秉笔直书，早日完成《魏书》。"

▲ 魏收编撰《魏书》

文宣帝记住了此事,即位的第二年便下诏魏收正式编撰记载北魏历史的《魏书》,并承诺:"你就放心大胆地记录史实,我绝不会像太武帝那样滥杀史官。"

魏收之前就已经收集了大量资料,现在又获得文宣帝的支持,便组织人手,历时三年,撰成《魏书》,完成了一代典籍。由于魏收性格急躁,不能公平待人,对于与自己结怨的官员,他便在史书里隐去他们的善政美德,还沾沾自喜地说:"在我面前,你算什么东西,竟敢跟我作对!我的史笔可以抬你入天,也可以贬你入地狱。"

《魏书》完成后，魏收便接到贵族子弟们许多投诉：有的说遗漏了他们的家人；有的说蓄意诋毁他们的家人；有的讥讽记载不真实，漏洞百出，并直指《魏书》为"秽史"。

魏收十分气愤，逐一反驳，但终因众口铄金，朝廷不得不下令停止《魏书》的传播。文宣帝一贯器重魏收的文才，始终没有处置他。直到孝昭帝即位，命魏收做了很多修改后，才颁行天下。

到魏收晚年，北齐政局黑暗，他选择了明哲保身，不能匡救时弊，遭到世人嘲讽。572年，魏收去世，终年六十六岁。几年后，北齐灭亡，因《魏书》而怨恨魏收的仇家，将他的尸体挖出来丢弃泄愤。

经典原文与译文

【原文】及随父赴边，好习骑射，欲以武艺自达。荥（xíng）阳郑伯调之曰："魏郎弄戟（jǐ）多少？"收惭，遂折节读书。夏月，坐板床，随树阴讽诵，积年，板床为之锐减，而精力不辍。以文华显。——摘自《北齐书·卷

三十七》

【译文】等到随父亲来到边疆后,魏收喜欢练习骑马射箭,想靠武艺求得仕途。荥阳郡(今河南省荥阳市)人郑伯调侃他说:"魏郎,你会用多少兵器?"魏收感到惭愧,于是改变志趣,下苦功读书。夏天坐在板床上,跟随移动的树荫诵读,连续多年,板床因此被磨损了许多,而他的学习精力丝毫不减。魏收凭借文章华丽而闻名于世。

文采斐(fěi)然:文采,文学方面的才华。斐然,有文采的样子。比喻一个人文学方面极具才华。

折节读书:折节,改变之前的志趣。指改变旧习,发愤读书。

周书

周 书

《周书》由唐朝史学家令(líng)狐德棻(fēn)撰写,共五十卷,其中本纪八卷,列传四十二卷,没有表、志,是记载西魏至北周的纪传体断代史,前后约五十年。《周书》记录了西魏、北周王朝的史事,以及与东魏、北齐、梁、陈四朝的外交事件。《周书》文字简洁,详细记录了政治、经济、军事方面的史料,具体描述了周边各民族和邻国发生的事件,揭示了天下大势的发展脉络。

令狐德棻

令狐德棻(583—667年),字季馨,宜州华原县(今陕西省铜川市耀州区)人。唐朝史学家、藏书家。

令狐德棻博闻强记,尤其精通文史,早年间便以才华出众闻名。隋朝末年,他加入唐高祖的反隋军队。唐高祖称帝后,得到重用。令狐德棻奏请唐高祖,拿出重金收购天下遗书,为唐朝文化高潮的到来做好了铺垫。另外,他积极提倡修史,并亲自负责《周书》的撰写,于637年完成。

文帝纪

> 宇文泰（507—556年），鲜卑族，字黑獭（tǎ），代郡武川镇（今内蒙古自治区武川县）人。南北朝时期杰出的军事家、改革家、政治家，北周政权的奠基人。死后谥号文帝。

● 乱世中的北周奠基者

宇文泰的祖先是匈奴人，后来融入鲜卑族，称为宇文部。这支部落曾被前燕所灭，余部归附慕容氏各燕，后来北魏统一北方，便都归附了北魏，迁移到武川镇定居，宇文泰便出生在这里。

宇文泰长相奇特，身形高大魁梧，双臂过膝，长发及地，大胡须，面如紫色。

北魏末年，国内的阶级矛盾与民族矛盾日益激化，防守边境的北部六镇爆发了起义。起义军占领武川镇，武川军主贺拔度拔心向朝廷,便与好友宇文泰的父亲组织军队反抗,赶走了起义军。当时,整个北方大乱,宇文泰一家人几经辗转,他的父亲和众兄弟相继阵亡。

宇文泰只好投奔代表北魏朝廷的尔朱荣,恰逢贺拔度拔的儿子贺拔岳也在尔朱荣军中。尔朱荣得知他们两家的交情,便把宇文泰分编到贺拔岳麾(huī)下。

正当六镇起义蓬勃发展之时,关陇地区也爆发了起义。宇文泰跟随贺拔岳、侯(hòu)莫陈悦前往镇压,多次立下战功,官爵不断提升。

在镇压起义的过程中,宇文泰乘机扩大自己的影响力,对官员、百姓实施惠政,获得了不少人的好感。几个月后,尔朱荣被北魏孝庄帝杀害,高欢乘势崛起,成为北魏政权的实际掌控者。高欢继续倚重贺拔岳,宇文泰依然是贺拔岳最信任的手下。

不久,不甘心成为高欢傀儡的北魏孝武帝暗中联络贺拔岳,想要对付高欢。宇文泰主动请求去晋阳会见高欢,一探局势。高欢一见到宇文泰,就想留为己用,被他一口谢绝。

宇文泰回来对贺拔岳说:"高欢野心很大,他之所以没有篡位,是因为朝廷有你和你的兄长贺拔胜。至于侯莫陈悦,他是个庸人,不足为虑。我们应该乘势占领陇地,与当地人搞好关系,便可以在那里扩充兵马。站稳脚跟后,往西能掌控西域,往北能安抚漠北的草原民族,往东能抵达长安,这样才能辅佐朝廷。"

这番分析高屋建瓴,体现了宇文泰的军政才能,贺拔岳深感佩服,马上派他向孝武帝报告,孝武帝听后大喜,对他赞赏有加,并任命贺拔岳为主帅,尽快实施这个战略。

贺拔岳派宇文泰负责此事,宇文泰立即行动,很快就稳定了陇地。不久,由于高欢的挑唆,贺拔岳被侯莫陈悦诱杀。

宇文泰在众人的拥戴下,全面接管了贺拔岳的人马,击溃了侯莫陈悦,占领长安,从而牢牢掌控了关陇地区,成为仅次于高欢的实权人物。

此时,孝武帝与高欢决裂,逃亡长安,投奔宇文泰。高欢另外拥立孝静帝,建立东魏。宇文泰毒杀孝武帝,另立魏文帝,建立西魏。北魏由此一分为二。

起初,东魏实力远超西魏,高欢也有一统天下的志向,于是不断进攻西魏,互有胜负。

有一年,高欢带兵二十万讨伐西魏,此时关中正闹大饥荒,宇文泰带着不到一万兵马在一处粮仓休整,听说高欢来了,马上出兵。高欢派兵围困了这处粮仓,又亲率大军进攻。宇文泰率万人迎战,力排众议,命令部队准备好三天的干粮,渡过渭水(黄河最大的支流),背着渭水东西列阵,让主力部队埋伏于芦苇草丛中。

东魏军到,见西魏军人少,不等列阵就争相进攻。两军交战之时,宇文泰亲自击鼓,伏兵突然杀出,大败东魏。

但是,西魏地窄国贫,东西魏力量对比非常悬殊。宇文泰意识到,个别战争的取胜并不能解决根本问题,当务之急,便是推进改革。

▼ 宇文泰渭河边设伏

他下令恢复均田制,保证人人有田可耕;得到耕地的农民,成为源源不断的兵源,于是形成府兵制。宇文泰又改革官制,整顿吏治,重视儒家伦理教育,任人唯贤,奠定了三省六部制的雏形。

通过这些努力,基本打破了民族、出身的界限,极大地缓和了阶级矛盾、民族矛盾,增强了内部凝聚力。

西魏与东魏对峙了十几年,逐渐扭转了劣势。547年,高欢病死,东魏、南梁先后发生内乱,宇文泰趁势攻占了长江上游及汉江流域的土地,实力进一步提高。

556年,宇文泰在北方巡视时去世,遗命他的侄子宇文护完成统一大业。

宇文泰身逢乱世,凭借个人奋斗掌握大权,顺应历史潮流实施了改革,终于转弱为强,奠定了北周的基础。他开创的一系列制度,都对后世产生了巨大的影响,是一位伟大的政治家。

经典原文与译文

【原文】魏永熙三年春正月,岳欲讨曹泥,遣都督赵贵至夏州与太祖计事。太祖曰:"曹泥孤城阻远,未足为忧。侯莫陈悦怙(hù)众密迩(ěr)，贪而无信，必将为患，愿早图之。"岳不听，遂与悦俱讨泥。二月，至于河曲，岳果为悦所害。——摘自《周书·卷一》

【译文】北魏孝武帝永熙三年春季正月，贺拔岳想讨伐曹泥，派都督赵贵去夏州（今陕西省靖边县），跟周太祖宇文泰商量此事。周太祖说："曹泥据守孤城，距离遥远，不值得担心。侯莫陈悦仰仗人多，离我们很近，贪婪且不讲信义，一定会给我们带来祸患，希望能早日除掉他。"贺拔岳不听，便与侯莫陈悦一起攻打曹泥。二月，进军到河曲，贺拔岳果然被侯莫陈悦杀害。

高屋建瓴(líng)：在高高的房顶上把瓶子里的水往下倒。比喻居高临下，不可阻挡的形势。

▲ 宇文邕亲手诛杀宇文护

制,吸收汉族男丁当兵,极大地扩充了军力;改革地方官员的权限,防止地方私人化。

因为寺院占有大量良田和人口,又不承担徭役租税,严重影响国家财政收入和兵士来源,武帝实施了灭佛政策,北周的经济和军事实力都得到了大幅增长。在外交上,为了联合突厥攻打北齐,武帝主动迎娶突厥公主为妻。

经过几年的努力,周武帝加强了中央集权,建立了比较完善的制度体系,使北周的国力整体上超过了老对手北齐,彻底扭转了自534年东西魏对峙以来,西弱东强的局面。

反观北齐，由于自神武帝高欢起，没有较好地解决阶级矛盾和民族矛盾，加上即位的皇帝昏庸残暴，国内一片混乱。武帝于575年正式开启了历时三年的伐齐之战。

576年十月，周武帝再次率军攻进北齐重镇平阳（今山西省临汾市），北齐后主高纬当时正陪着众嫔妃在打猎，获知战报后，亲率十万大军前来救援。武帝亲自督战，迫使北齐守将投降，周军占领平阳。

这时，北齐援军抵达，为了躲避敌人的锋芒，武帝留下一万精兵防守平阳，率主力部队主动撤退，自己回到长安指挥。

平阳为晋阳的门户，晋阳是北齐政权的大本营，不容有失。齐军果然猛攻平阳，日夜不停，整整持续了一个多月。

十二月，周武帝亲自带领主力军杀回平阳。之前，齐军为了防止周军增援，挖了很深的壕沟，周军要跨过壕沟才能进攻，颇为不利。北齐后主为了尽快取胜，下令齐军填平壕沟后进军，武帝听闻，正中下怀，下令主力部队迎战，双方展开了殊死搏斗。

北齐后主在后面观战，看见齐军侧翼稍微后退，觉得会败，不顾劝阻马上逃跑，齐军军心顿失，因此大败。此战之后，北齐主力部队被消灭，再也无力阻挡周军的进攻。

周书·武帝纪

第二年,武帝第三次进攻北齐,一举攻占都城,北齐后主在逃亡途中被俘。自此,北周统一了北方。

578年,周武帝在讨伐突厥的途中病逝,年仅三十六岁。

周武帝巩固了父亲宇文泰的改革成果,结束了东西魏将近半个世纪的分裂局面,使人民免受战争苦难,促使了北方地区政治、经济、文化的广泛发展,为隋朝统一中国奠定了坚实的基础,堪称南北朝时期的一代英主。

经典原文与译文

【原文】壬戌,帝以大旱,集百官于庭,诏之曰:"盛农之节,亢阳不雨,气序愆(qiān)度,盖不徒然。岂朕德薄,刑赏乖中欤(yú)?将公卿大臣或非其人欤?宜尽直言,无得有隐。"公卿各引咎自责。其夜澍(shù)雨。——摘自《周书·卷五》

【译文】建德元年五月壬戌日,周武帝因为大旱,在大殿召集百官,对他们下诏说:"农忙时节,大旱不雨,时序失调,大概不是没有原因的。难道是朕的德行不足,刑罚奖赏不当吗?或者任用的公卿大臣有不当的?你们应该尽情直言,不得有隐瞒。"公卿大臣们分别主动承认错误,自我批评。当天晚上就下了大雨。

引咎(jiù)自责: 咎,罪过。指主动承担错误的责任,作出自我批评。

晋荡公护列传

> 宇文护（513—572年），鲜卑族，字萨保，代郡武川镇人。北周初期权臣。死后谥号荡。

● 四年杀三帝的权臣

宇文护小时候端庄正直，志向远大，气度不凡，他的祖父很疼爱他，对他充满了期许。

宇文护十二岁时，父亲去世，便随同四叔宇文泰参加六镇起义，后来迁居晋阳。

几年后，宇文泰跟随大将贺拔岳前往关中平定叛乱，因而在当地安家。宇文护十九岁时，宇文泰考虑到自己的儿子还年幼，便安排侄子来家里，帮忙管理家务。

宇文护年纪轻轻，从不发火施威，把家务料理得井然有序。宇文泰很高兴，当面称赞他跟自己的志向和气度都很像。

第二年,宇文泰受命前往经略夏州,把宇文护留在贺拔岳麾下。贺拔岳被诱杀后,宇文泰接管了他的军队,宇文护开始跟随叔叔四处征讨。

其时,宇文泰建立的西魏,与高欢建立的东魏对峙,双方连年征战。宇文护先后参加了潼关之战、沙苑大战、河桥大战等,均立下战功。其能力不断提升,官职也屡屡升迁。

554年,宇文泰命令宇文护率领轻装骑兵日夜兼程,进攻南梁的京城江陵(今湖北省荆州市)。西魏军队迅速攻城略地,活捉了南梁的侦察兵,进而直逼江陵。江陵守军没想到大军来得这么快,大为惊慌。

宇文护又派出两千骑兵切断长江渡口,收集船只等待后援。西魏主力军抵达,包围并占领江陵,俘虏了梁元帝。

两年后,宇文泰西行巡视时患病,临终前叮嘱宇文护说:"我的身体肯定是不行了。我的儿子们还年幼,寇贼没有被平息,天下的大事,我就托付给你,你要努力完成我的志愿。"宇文护流泪答应了四叔的遗命。

宇文泰去世后,宇文护秘不发丧,直到回到长安才公布消息。当时人心浮动,朝野不安,宇文护处理内外大事,安抚朝廷百官,稳稳地完成了权力过渡。

局面稳定之后,宇文护便逼迫西魏恭帝让位,拥戴宇

▲ 宇文护接受宇文泰临终托孤

文泰的第三个儿子即位,国号为周,是为北周孝闵帝,宇文护独掌朝政。

不久,曾与宇文泰同列大将的赵贵、独孤信等人不满,策划谋杀他,但计划泄密,参与者全部被处死。从此,朝廷上下巴结宇文护的臣子越来越多,他的势力与日俱增。

此时,孝闵帝身边的大臣不断提醒皇帝防备宇文护,并暗中策划除掉他。消息传到宇文护那里,宇文护便把孝闵帝囚禁起来,召集群臣哭诉道:"我是太祖的亲侄子,他临终时将后事托付给我,所以我才与诸位拥立了当今皇帝。可是他自从登基以来的表现，实在太令人失望。如果这样下去，国家必亡，我还有什么脸面去见太祖！今天我想废掉这个昏君，另立太祖的长子，大家有什么意见吗？"群臣纷纷表示赞同。不久，孝闵帝被杀，宇文毓（yù）即位，是为北周明帝。

周明帝执政的第三年，宇文护主动交出朝政大权，但军事大权仍归自己把控。明帝不仅聪明，而且有见识、有胆量，宇文护心中很忌惮。

终于有一天，宇文护命令自己信任的御厨，偷偷往明帝的食物中投毒。明帝临终前，特地下诏立弟弟宇文邕为帝，是为周武帝。宇文护虽然心里不愿，但不敢违抗先帝的遗命。

为了避免重蹈前两位兄长的覆辙，周武帝决定韬光养晦。有人为了迎合宇文护，说他的功劳堪比周公，应该在他家乡修建别庙祭祀祖先，武帝马上照办。即位第三年，武帝下诏，各种朝廷诏书、官方文书不准称宇文护的名字，以示尊崇。

同年，经过多次交涉之后，北齐将宇文护的母亲送到长安，这时，她已经在北齐做了三十五年俘虏。为了讨宇文护欢心，武帝极力讨好他的母亲，让她过上了奢华的生活。

不久，突厥派人联合北周进攻北齐，鉴于北齐刚送还了母亲，宇文护并不想出兵。可是又担心失信于突厥，重新引发边患，他迫不得已，决定率军东征。这次战役北周出动二十万军队，最后却损兵折将，没有一丝战绩，宇文护的威望大减。

自从宇文泰死后，宇文护加强对军队的把控，凡是军队的征调，没有他的手令不能行动。不论大事小事，他都先行决断，再上报皇帝。宇文护委任的人，没有一个是称职的；他的儿子们个个贪得无厌、鱼肉百姓。

572年三月，周武帝请宇文护到宫内劝皇太后戒酒，宇文护不知是计，拿起《酒诰》读给皇太后听，武帝站在他身后，拿出玉板砸向他的头部，把他杀了。宇文护终年六十岁。

宇文护在宇文泰去世后，长期执掌北周大权，对宇文家族统治地位的确立和北周政权的稳定起到了很大的作用。

经典原文与译文

【原文】护性甚宽和，然暗于大体。自恃建立之功，久当权轴。凡所委任，皆非其人。兼诸子贪残，僚属纵逸，恃护威势，莫不蠹（dú）政害民。上下相蒙，曾无疑

二十四史马上读，语文历史都进步

虑。高祖以其暴慢，密与卫王直图之。——摘自《周书·卷十一》

【译文】 宇文护的性格非常宽厚温和，但是不识大体。他自认为有建国立帝的功劳，长期掌握大权。他所委任的人，没有称职的。加上他的儿子们都贪婪残暴，僚属恣纵放荡，依仗宇文护的权势，没有不败坏政治、残害百姓的。上下互相欺骗，都对这样的行为毫无疑虑。周高祖宇文邕因为他暴虐傲慢，就暗中和卫王宇文直谋划除掉他。

鱼肉百姓：把百姓当成鱼肉。比喻用暴力欺凌、残害无辜的人。

蠹政害民：蠹，蛀虫，引申为损害。危害国家和百姓。

独孤信列传

> 独孤信（503—557年），鲜卑族，原名独孤如愿，字期弥头，云中郡人。西魏、北周名将，八柱国之一。

● 忠君爱民的史上最强岳父

独孤信的先祖在鲜卑族部落担任头领，他的祖父迁移到武川镇定居，他的父亲是当地的领民酋长，深得大家敬重。

独孤信有着一副盛世美颜，特别爱打扮，喜欢穿色彩鲜艳的服饰。长大后，在军营里被称为独孤郎，郎是给美男子的尊号。

北魏末年，北部边境爆发六镇起义，独孤信心向朝廷，曾与人一起，斩杀了一名起义军的猛将，因此出名。后来，独孤信归附权臣尔朱荣，受命征讨义军首领葛荣的军队，单枪匹马擒获一名郡王。北魏宗室元颢引导南梁军队进入国境,攻占洛阳,独孤信奉命在黄河北岸迎战,大胜而归。

之后,独孤信先后调任隶属荆州的新野郡、南乡郡(均在今河南省南阳市)郡守,政绩显著。大臣贺拔胜镇守荆州,很欣赏独孤信,带领他一起攻占了南梁的一个城池,并表奏朝廷提升他的官职。

不久,贺拔胜的弟弟贺拔岳被诱杀,贺拔胜派独孤信前去安抚弟弟的军队。独孤信到达军营,发现宇文泰已经接管了军队,成为他们的首领。独孤信与宇文泰小时候就是好朋友,于是返回荆州。不久,独孤信被征召到朝廷,很快得到北魏孝武帝的器重。当时,孝武帝与权臣高欢决裂,逃往长安投奔宇文泰。事情发生得很仓促,独孤信知道消息时,孝武帝已经走了。

独孤信来不及跟父母辞别,也顾不上妻子儿女的安危,只身一人,骑上快马追随孝武帝而去。孝武帝感动不已,说:"乱世知忠臣,这句话是千真万确啊!"

宇文泰建立西魏后,荆州被东魏占领,但当地民众心向西魏,独孤信奉命率军前来招抚百姓。在他们即将到达荆州时,东魏派出军队前后夹击独孤信。独孤信对战士们说:"现在我们的兵力不足千人,而且腹背受敌。如果先攻击后面的敌人,敌人会以为我们要逃跑,必然会前来截击,

独孤信单骑追随北魏孝武帝

不如先攻打前面的部队。"于是奋力进攻，东魏军队溃败，独孤信乘胜袭击并占领了荆州。东魏派来大军增援，独孤信发现兵力悬殊太大，主动放弃荆州逃到南梁。

独孤信在南梁居住了三年，梁武帝允许他回去，又问他："你现在是回家看望父母，还是去长安伺奉君主？"独孤信坚定地说："伺奉君主，绝无二心。"梁武帝表示赞赏，赠送给他很多礼物。独孤信回到长安，主动上书请罪。当时已是西魏文帝在位，文帝深明大义，不仅认为他无过，还觉得他有功，于是升官嘉赏。

随后，独孤信跟随宇文泰参加与东魏的沙苑之战。东魏战俘中有亲戚，告知他父亲已经去世，他便为父亲服丧。丧期没有结束，朝廷命令他停止服丧，出来任职。独孤信继续参加对东魏的战争，后来再次前往荆州招抚民众。

后来，宇文泰又派独孤信任陇右十州大都督、秦州刺史。此前，秦州的长官昏庸无能，政令荒谬，违背常理，百姓有冤情诉讼，长年得不到裁决。独孤信到达秦州（今甘肃省天水市）后，这里再也没有积压的公事。他用礼义教化百姓，鼓励发展农业，仅仅几年时间，官府、私人都很富裕。

有一次，独孤信在郊外打猎归来，上马前随手整了整帽子，帽子有点歪。第二天，整个秦州城的男人都模仿他帽子歪戴的造型。由此可见，独孤信在当地人心目中的威望。因为独孤信的诚信远近闻名，宇文泰亲自赐名"信"。

宇文泰病逝后，侄子宇文护专权，引起了老臣赵贵的愤懑，便找独孤信商量刺杀计划。独孤信认为时机不妥，没有参与计划，并劝阻赵贵。计划泄漏之后，宇文护杀了赵贵，又认为独孤信有知情不报之罪，想杀死他，因为他的名望向来很高，便赐毒酒给他。独孤信被逼饮毒酒自尽，终年五十五岁。

独孤信戎马一生，忠于君主，爱护百姓，获得好评如潮。更值得一提的，是他的几个女儿。独孤信有七个女儿，各个美貌与智慧并存，其中，长女嫁给宇文泰的儿子北周明帝，是为明敬皇后；四女儿嫁给了唐高祖李渊的父亲，被追赠为元贞皇后；七女儿的夫婿是他亲自挑选的，名叫杨坚，便是隋朝的开国皇帝，女儿便是后来的文献皇后。独孤信一人身兼周、隋、唐三朝皇帝的岳丈，自古以来，只此一人。

经典原文与译文

【原文】 又信在秦州，尝因猎日暮，驰马入城，其帽

微侧。诘旦,而吏民有戴帽者,咸慕信而侧帽焉。其为邻境及士庶所重如此。——摘自《周书·卷十六》

【译文】另外,独孤信在秦州,曾经因为打猎到了傍晚,骑快马入城,帽子戴得稍稍有点歪。到了第二天早晨,秦州的官吏百姓中有人戴帽子的,都因为仰慕独孤信而将帽子歪着戴。他被邻国和士人百姓推重到这种程度。

词语积累

可见一斑(bān):斑,杂色花纹或斑点。比喻见到事物的局部便能推知整体。

功高望重:望,名望。功劳和名望都很大。

侧帽风流:独孤信狩猎归来,无意间把帽子戴歪了,进城后引发全城效仿。形容由于本人长相英俊,无意中的举动也会被世人称赞效仿。

苏绰列传

> 苏绰（chuò）（498—546年），字令绰，京兆郡武功县（今咸阳市武功县）人。西魏名臣。

🟢 鞠躬尽瘁、死而后已的千里马

苏绰出生于名门大族，祖上都曾担任大官，他的父亲担任过武功郡太守。

苏绰从小酷爱学习，博览群书，学识渊博，特别擅长数学。他的才华在家族中尽人皆知。

苏绰的堂兄苏让调到外地担任刺史，丞相宇文泰为他饯行，临别时嘱托，如果苏家有优秀子弟，一定要举荐给朝廷。苏让想都没想，堂弟苏绰的名字脱口而出。从此，苏绰便成了宇文泰身边的侍从官。

苏绰任职一年多，宇文泰不曾深入了解过他。与苏绰一起共事的同僚，遇到工作上有解决不了的问题，都喜欢向他咨询，而且都能得到满意的答案。官府之间来往文书的格式也都由苏绰确定。

有一次，宇文泰跟大臣周惠达讨论公务，周惠达一时不知如何答复，便出去找救兵。周惠达召来苏绰询问，苏绰立刻给出了答案。

周惠达带着答案禀报宇文泰，宇文泰非常满意。当得知这个主意来自苏绰后，宇文泰很高兴，马上提拔了他。

有一次，群臣陪同宇文泰到昆明池观看捕鱼，途中经过一处汉代的仓库遗址。宇文泰想了解这个遗址的故事，但身边的大臣都说不出来，有人提议询问博学多才的苏绰。

苏绰奉命作答，将遗址的来龙去脉解释得十分详尽，宇文泰很高兴，进一步询问他天地造化的由来、历代王朝兴亡的事迹。苏绰很有口才，应答如流。宇文泰听得入迷，没有观看捕鱼就回来了。

当天晚上，宇文泰留下苏绰彻夜长谈，询问治国之道。苏绰畅所欲言，详细阐述了儒家、法家治国理政的方法。开始时，宇文泰还躺着听，后来便整理衣服，笔直地坐着聆听，不知不觉移到了坐席前端。两人聊了一整晚，宇文泰丝毫不觉得疲惫。

第二天，宇文泰对周惠达说："苏绰是个奇才，我要安排他参与政事。"于是，马上任命他为丞相府最高

▲ 苏绰与宇文泰彻夜长谈

属官,参与裁决机密事务。从此,宇文泰越来越信任苏绰。

  有一年,东魏丞相高欢兵分三路,进攻西魏。西魏众将主张分兵应战,只有苏绰和宇文泰看法一致,认为应当集中优势兵力对抗其中一路。

  最终,宇文泰集中兵力,猛攻由东魏名将窦泰率领的主力部队,大败窦泰,将他活捉。

  西魏建立初期,实力远不如东魏,宇文泰一直心存富国强兵的梦想,但一时没有什么好办法。苏绰草拟《六条诏书》,主题分别是治心身、敦教化、尽地利、擢(zhuó)

贤良、恤（xù）狱讼、均赋役，以此作为朝廷的施政纲领与地方官员的为政准则。

宇文泰很重视《六条诏书》，不仅自己经常翻阅，还命令大小官员都要学习背诵。《六条诏书》的实施，对改变西魏的社会风气、改革政治、发展国力起到很大作用，为取代西魏的北周统一北方，甚至隋朝统一全国创造了条件。

此外，苏绰还写成《大诰》，一改三国末年以来的浮华文风；同时，根据《周礼》更改西魏官制。

苏绰生活俭朴，一心为公。凡是他推荐的官员都很称职。宇文泰对他推心置腹，从无猜忌。有时，宇文泰外出视察，便让苏绰全权处理政事，并事先在空白公文上签好自己的名字交给苏绰，以备急用。等他回来后，也只是看一眼处理结果而已。苏绰对宇文泰说，治国的方法，应该像慈父那样爱护民众，像严师那样教育民众。

苏绰感激宇文泰的知遇之恩，每天处理政务都忙到后半夜，无论大小事务，都很清楚。因为操劳过度，苏绰患了重病，不治身亡，终年四十九岁。宇文泰听到苏绰病逝的消息后，不禁放声大哭。

为了尊重苏绰的生前志向，宇文泰下令薄葬。下葬那天，宇文泰率领群臣步行送到城门外，亲自端着酒杯祭奠，说：

"苏尚书的生平所为,有他的妻子、孩子、兄弟们都不了解的,但我都了解。只有苏尚书懂我的心,我也懂他的心。正要一起平定天下,没想到竟然舍我而去!"说完,又放声痛哭,酒杯都掉到了地上。

经典原文与译文

【原文】属太祖与公卿往昆明池观渔,行至城西汉故仓地,顾问左右,莫有知者。或曰:"苏绰博物多通,请问之。"太祖乃召绰。具以状对。太祖大悦,因问天地造化之始,历代兴亡之迹。绰既有口辩,应对如流。太祖益喜。——摘自《周书·卷二十三》

【译文】恰逢周太祖宇文泰与公卿大臣一起前往昆明池观赏捕鱼,走到城西汉代仓库遗址,回头问身边的人有关这个仓库的故事,没有人知道。有人说:"苏绰见多识广,请问问他。"太祖于是召来苏绰。苏绰就把具体的情况一五一十地告诉了他。太祖十分高兴,接着又问他关于天地造化的由来和历代兴亡的过程。苏绰很有口才,对答如流。太祖更加欣喜。

推心置腹：把自己的心放在对方的肚子里，形容待人真诚。

群雄逐鹿：群雄，旧时称在时局混乱中称王称霸的一些人；逐鹿，比喻争夺帝位。形容各派势力争夺最高统治权。

庾信列传

> 庾信（513—581年），字子山，南阳郡新野县（今河南省南阳市新野县）人。南北朝时期文学家。

● 由南入北的宫体诗人

庾信出生于书香世家，祖上曾经连续七代被举荐为秀才，五代写有文集传世，而且还出了一位文学家。他的祖父曾经拒绝南齐王朝的聘任，他的父亲庾肩吾在梁朝担任高官，也是家喻户晓的文学家。

庾信从小就很聪明，博览群书，精通《左传》。长大后，身高八尺，身材魁梧，言行举止与一般人不同。

十五岁时，庾信便被召进东宫，成为皇太子萧统的讲读官。后来，萧统病逝，梁武帝册立第三个儿子萧纲为太子。

庾肩吾担任太子的侍从官，主管文书；庾信十九岁时，庾肩吾仍然在东宫任职。父子俩人同时任职东宫,出入宫禁,获得的恩宠礼遇令人艳羡不已。

时值梁武帝统治中期,社会稳定繁荣,萧纲位居东宫,身边聚集了一群文人,用诗歌描绘宫廷生活,逐渐形成了"宫体诗"。

"宫体诗"上承汉代的乐府,以拟古来写男女交往,在形式上追求华丽的辞藻,内容上吟咏女性,风格绮蔓,是南朝时新生的一种诗体。庾信青中年时期都在东宫任职,创作了大量"宫体诗",和另一位才子徐陵齐名,每写成一篇诗文,士人们竞相模仿,传诵京城。人们又称这种诗为"徐庾体"。

548年,"侯景之乱"爆发,叛军直逼京城建康(今南京市)。萧纲命令庾信带领一千多名文武官员,在朱雀航(今南京市夫子庙)扎营。

等到叛军占领建康,庾信匆忙率军撤退。等到皇宫也被占领,庾信便沿长江西上,逃到了江陵,投奔湘东王萧绎。不久,梁武帝被杀,即位不久的萧纲很快被废,天下大乱。552年,萧绎平定了叛乱,在江陵称帝,是为梁元帝。

梁元帝才华横溢,文才十分了得,因此很器重庾信。两年后,庾信奉元帝之命出使西魏,刚刚抵达西魏京城长安不久,西魏军队就攻占了江陵,梁元帝被杀。从此,庾

周书·庾信列传

信被西魏皇帝留在长安做官。

又过了两年,西魏权臣宇文泰病逝,他的侄子宇文护拥立孝闵帝,建立了北周。孝闵帝对庾信十分欣赏,庾信历任要职,后来担任洛州(今河南省洛阳市)刺史。

庾信对旧时的典章制度非常熟悉,处理公务简明,力求干净。等到周武帝在位,南梁已经被陈朝取代,与北周的关系颇为融洽,请求北周放还庾信、王褒等十多名滞留

▼ 庾信羁留北方

北方的文人。周武帝舍不得庾信、王褒走，便留下这两人，将其他南方人都放走了。

从此，庾信便一直留在北方。北周皇帝都爱好文学，庾信因此深受礼遇。不仅皇帝很看重他，其他宗室藩王、公卿大臣也纷纷与他结交，许多王公贵族的墓志铭，都由庾信撰写。

在当时，唯有庾信、王褒两人得到这样的殊荣，其他文人都没有。庾信一直活到隋朝建立才去世，终年六十九岁。

庾信的文学创作经历，以四十二岁出使西魏为界，分为两个时期。前期在梁朝，大部分时间天下太平，他的诗文多为迎合宫廷贵族的"宫体诗"。这种宫廷文学虽然容易显露诗人的学养与文才，但不适合表达个人的信念或情操。

后来，梁简文帝力主新变，庾信的创作开始打破陈规，为后来的唐诗、律赋开创了道路。他早期对诗歌形式多样性的贡献，获得了后世的高度认可。

庾信后期羁留北周，又经历了亡国之变，内心受到了无比的震撼，写下了大量抒发怀念故国家乡的作品，风格也变得悲凉苍劲，情感更加真挚，艺术上的成就很高。

他刚到北方时，北方文人都瞧不起他，直到拿出《枯树赋》一文，再也没有人敢小瞧他了。庾信在《枯树赋》里把自己比作枯树，抒发思乡之情，感慨颠沛流离的人生。全篇荡气回肠，字里行间透露出苍凉忧愤之感。

庾信在诗、赋、文等方面都取得了卓越成就，成为由南入北的诗人中最著名的一位，最终达到了"穷南北之胜"的文学造诣。后人将庾信的作品编撰为《庾开府集》。

经典原文与译文

【原文】信幼而俊迈，聪敏绝伦。博览群书，尤善《春秋左氏传》。身长八尺，腰带十围，容止颓然，有过人者。起家湘东国常侍，转安南府参军。时肩吾为梁太子中庶子，掌管记。——摘自《周书·卷四十一》

【译文】庾信自幼便英俊豪迈，聪明机敏。他博览群书，尤其精通《春秋左氏传》。身高八尺，腰带十围，行为举止和顺，超出常人。出仕任湘东国常侍，转任安南将军府参军。当时，他的父亲庾肩吾担任梁太子的中庶子，主管文书。

词语积累

颠沛流离：颠沛，困顿，受挫折；流离，因为灾荒战乱而流转离散。形容生活艰难，四处流浪。

隋书

隋书

《隋书》由唐初名臣魏征主持编修,共八十五卷,包括帝纪五卷、列传五十卷、志三十卷,无表,是记载隋朝的纪传体断代史。《隋书》记载从隋文帝杨坚至隋恭帝杨侑(yòu)(581—618年),共三十八年的史事。其中志的部分,实际包含梁、陈、北齐、北周和隋朝五个朝代的典章制度,所以最初也称"五代史志"。《隋书》的纪传部分叙事简明,体例严谨,是正史中质量较高的一部。由于作者亲历隋朝灭亡,能以此为借鉴,总结经验教训,突出人事与国家兴亡的关系。

魏征

魏征(580—643年),字玄成,钜鹿郡下曲阳县人。唐朝初年杰出的政治家、史学家、名相。

魏征自幼家境贫寒,勤奋好学,博览群书。隋唐之际曾先后效命于瓦岗军领袖李密、河北义军领袖窦建德、唐太子李建成,后来得到唐太宗的重用,长期担任宰相。629年,唐太宗下诏编撰梁、陈、北齐、北周、隋五朝的史书,由魏征主持此事,并负责《隋书》的编撰。历时七年,五史的纪传部分宣告完成。641年,唐太宗又下诏编撰"五代史志",先后由令(líng)狐德棻(fēn)、长孙无忌主持,历时十五年才完成,附在《隋书》之后。《隋书》成于众手,按惯例署名魏征。

隋书·高祖纪

高祖纪

> 杨坚（541—604年），鲜卑姓普六茹，小字那罗延，弘农郡华阴县（今陕西省华阴市）人。隋朝开国皇帝，死后庙号高祖，谥号文帝。

🟢 隋朝开国之君

杨坚出身于名门望族，先祖是有"关西孔子"之誉的东汉名臣杨震。父亲杨忠是西魏的大将军，北周建立后升任柱国大将军。

当时，北周的权力掌控在以八柱国、十二大将军为核心的关陇集团手中，因此杨坚生来就具有丰厚的政治资本。

杨坚性格沉稳有威仪，进入最高学府太学学习，文武双全，十五岁时被京兆郡（今陕西省西安市）长官看中，聘为僚属。北周文帝宇文泰见到他后赞赏地说："这个孩子的相貌气质非同凡响。"

十七岁时,柱国大将军独孤信将女儿独孤伽(qié)罗嫁给杨坚,就是后来的独孤皇后。此后,杨坚的官位逐步提升,担任随州刺史。

后来,杨坚的长女杨丽华被周武帝选中嫁给了当时还是太子的周宣帝,他的地位更加尊崇。周武帝的弟弟认为杨坚怀有异志,对武帝说:"杨坚相貌非同寻常,臣每次看到他都会怅然自失。恐怕他不会甘居人下,请早点铲除他。"

武帝却认为杨坚不过是一个将才,并未在意。面对可能带来杀身之祸的传言,杨坚感到惶恐不安,行事更加低调。

周武帝去世后,儿子周宣帝继位,杨丽华被册封为皇后。但宣帝荒淫无道,随后又册封了四位皇后,她们与杨丽华争宠,多次跟宣帝说杨丽华的坏话。

有一次,宣帝愤怒地对杨丽华说:"朕要灭你的族!"随后召杨坚进宫,对侍卫说:"如果杨坚神色有变,立刻杀死他。"杨坚来到后,神情泰然自若,才没有被杀。

第二年,周宣帝将皇位禅让给年仅七岁的儿子周静帝,生活更加放纵,而且喜怒无常,经常责打内侍妃嫔。

杨坚私下对人说:"皇帝实在毫无德行,看他的相貌,

▲ 杨坚神情自若，躲过周宣帝的诛杀

不会长寿。各位亲王也都软弱无能，宇文氏的根基已经动摇，还会长久吗？"

　　一年后，周宣帝病逝，由于周静帝年幼，群臣假传遗诏宣杨坚进宫辅政，又借周静帝之口任命他为丞相。

　　杨坚早有夺取皇位的打算，因此下令废除严刑峻法，施行惠政，躬行节俭，以笼络人心。随后又以谋反为名，杀掉五位北周亲王，清除了称帝的最大障碍。

　　581年，周静帝将皇位禅让给杨坚。杨坚于临光殿即位，定国号为"隋"，是为隋文帝。

当时,隋朝已经统一了北方,南面有陈朝和西梁,北面的突厥汗国更是虎视眈眈,时常骚扰边境。隋朝建立的第二年,突厥可汗就率领四十万骑兵南侵。隋文帝派出八路精兵,打得突厥骑兵弃甲而逃。后来,隋文帝利用突厥内部不和,进行离间分化,使突厥分裂为东、西两部,相互争战不休,实力大减,不再对隋构成威胁。

待政权巩固、北方边境稳定以后,隋文帝决定平定南方。587年,隋文帝召西梁国主入朝,西梁不战而亡。第二年,隋文帝下诏痛责陈朝后主荒淫无道、逆天行事等二十条罪状,命人誊(téng)抄三十万份,在江南广为散发,以瓦解陈朝的人心。

接着,隋文帝派儿子杨广、大臣杨素带领五十余万大军南征,只用了三个月就消灭了陈朝,活捉了陈后主。从此结束了东晋以来二百七十多年的分裂局面,使国家重新归于统一。

统一全国后,隋文帝偃武修文,将国家的中心任务转移到建设上来。他进行了官制改革,正式将三省六部制确立为中央行政机构,加强了中央集权,对后世影响深远。他还下令大刀阔斧地修改前朝法律,命人编成《开皇律》,使人民有法可守,又减省刑罚,成为后世立法的典范。

为了广揽英才,隋文帝大兴学校,推崇儒学,废除了

隋书·高祖纪

自曹魏以来实行的九品中正制，改为由地方长官推荐、中央统一考试的方式选拔人才，这就是科举制的雏形。

隋文帝对百姓也非常体恤。有一次，官员上奏说官仓已经装满，还有粮食、钱帛放不下，只好堆在走廊里。隋文帝下诏说："朕宁可把粮食、钱帛保存在百姓手里，也不愿储藏在仓库里。河北、山东地区本年的赋税减免三分之一，军属减免一半，服劳役的民夫全部免除。"经过不懈努力，隋文帝开创了辉煌的"开皇之治"。

604年，隋文帝去世，终年六十四岁。隋朝虽然只存在了短短几十年，但隋文帝开创的政治、经济、文化、军事、法律等方面的制度，却被唐朝完整地继承下来，对后世产生了深远的影响。

经典原文与译文

【原文】时朝野物议，咸愿登封。秋七月丙午，诏曰："岂可命一将军，除一小国，遐迩（ěr）注意，便谓太平？以薄德而封名山，用虚言而干上帝，非朕攸闻。而今以后，言及封禅，宜即禁绝。"——摘自《隋书·卷二》

【译文】当时朝野上下纷纷议论,都希望登泰山封禅。秋季七月丙午日,隋文帝颁布诏命说:"怎么可以因为任命了一个将军,消灭了一个小国,受到远近关注,就说天下太平了?以寡薄的德行去封禅名山,用虚假的言辞来冒犯上天,不是朕所知道的。从今以后,再讨论封禅,应该立即禁止。"

匡国济时:匡,匡正;济,挽救;时,时局。匡正国家,挽救时局。

众望所归:众望,众人的希望;归,归向。众人的希望归向某人,多指某人得到大家的信赖,希望他承担某项工作。

隋书·炀帝纪

炀帝纪

> 杨广（569—618年），原名杨英，小字阿𡡉，弘农郡华阴县人。隋朝第二位皇帝。死后谥号炀帝。

● 毁誉参半的亡国之君

杨广是隋文帝的第二个儿子，自幼机敏聪慧，喜好读书，工于文章，容貌英俊，性格沉稳。

隋文帝建立隋朝后，将长子杨勇立为太子，杨广被封为晋王，出任并州总管，时年十三岁。

588年，隋文帝派杨广与大臣杨素等人统兵五十余万，讨伐割据江南的陈朝，他们只用了三个月就取得了胜利。

杨广将臭名昭著的陈朝奸臣斩首示众，下令封存当地府库，钱财分毫不取，赢得了江南人民的拥戴。

杨广为了博取父母欢心，留心观察他们的言行举止，刻意模仿。他知道父母崇尚俭朴，便将王府装修得非常朴素。有一次，隋文帝驾临晋王府，杨广和妻子萧氏穿着粗布衣服出门迎接。文帝看到晋王府中的乐器都已断弦，布满灰尘，便以为他生活俭朴，不好声色，于是大加赞赏。

杨广深知独孤皇后厌恶男子用情不专，便装作和萧氏十分恩爱，将宠妾所生的孩子偷偷杀死。每次有宦官来晋王府，无论职位高低，杨广都毕恭毕敬地迎进送出，宦官回宫后对他赞不绝口。杨广逐渐积累了很好的名声。

相形之下，太子杨勇的表现则黯然失色。杨勇虽然为人宽厚率真，但生活奢侈，姬妾众多，令独孤皇后非常不满。而且，他在政见上也和隋文帝有分歧。在独孤皇后和杨素的支持下，隋文帝废黜杨勇，改立杨广为太子。

604 年，隋文帝去世，杨广即位，是为隋炀帝。他立即假传遗诏赐死大哥杨勇。五弟杨谅因不满而起兵谋反，炀帝派遣杨素率军将他擒获，幽禁至死。

铲除了潜在威胁后，隋炀帝不再伪装，下令营建东都洛阳，每个月征发的役夫多达两百万人。由于督工过于急苛，民工死亡率高达百分之四五十，运尸车不绝于路。在高压之下，洛阳只用了一年就建造完毕。

隋炀帝下诏迁都洛阳，为了夸耀财富，他下令将洛阳城内的商铺都装修得整齐划一，树木用绸缎缠绕装饰。有胡人进入酒馆，要免费提供酒菜，并对他们说："上国富裕，客人吃饭不要钱。"有聪明的胡人反问："贵国也有衣不蔽体的穷人，为什么不把缠树的绸缎给他们用呢？"除洛阳外，隋炀帝还下令营建江都（今江苏省扬州市），为他巡游江南做准备。

当时，江南地区经过东晋以来的长期开发，成为粮食、财赋的重要来源。为了将这些钱粮源源不断地运到洛阳，也为了更好地控制南方，隋炀帝决定大规模征发劳役，开凿大运河。

大运河前后耗时六年，全长四千多里，将黄河、淮河、长江和钱塘江四大水系连通起来，极大地方便了南北交通，功在千秋，但也给老百姓造成极大的负担。运河竣工后，隋炀帝乘坐豪华的龙舟，带着浩浩荡荡的船队前往江都游玩，征用拉纤民夫八九万人。

此外，隋炀帝还下令修筑长城和驰道，这些重大工程虽然都有积极作用，但使得人民不堪重负，各地相继爆发农民起义。

隋炀帝并不重视，反而前后三次兴兵讨伐高丽（今朝鲜半岛北部）。在第二次讨伐高丽时，杨素的儿子杨玄感叛乱，先祖是八柱国之一的李密成为他的谋士。

杨玄感失败后，李密投奔了瓦岗寨（今河南省滑县境内）的起义军，成为领袖，瓦岗军很快发展成为战斗力最强的

▲ 隋炀帝龙舟巡游

队伍。

　　宰相苏威见起义军的声势越来越大，而隋炀帝却不停地征伐高丽，便劝谏说："不如赦免这些反贼，让他们去打高丽。少说也能招安几十万人，这些人免于死罪，必然争着立功，便可一举消灭高丽。"

　　隋炀帝鄙夷地说："朕御驾亲征都没能取胜，这群鼠辈有什么用？"苏威离开后，一位大臣又进谗言诬陷他夸大起义军的数量。

　　隋炀帝愤怒地骂道："这个老东西，敢用反贼威胁朕，

隋书·炀帝纪

朕恨不得打烂他的嘴，真是忍无可忍！"于是，下令将苏威关进大牢，将他和子孙三代都贬为平民。其他大臣再也不敢说真话，善于阿谀奉承的官员大行其道。

北方乱作一团后，隋炀帝撤到江都。第二年，李渊在晋阳起兵，几个月时间就占领了京城长安。

隋炀帝自知大势已去，意志消沉地对着镜子说："好头颅，不知会被谁砍掉！"

618年，隋炀帝被禁军将领宇文化及等人杀害，终年五十岁。

隋炀帝很有作为，但也好大喜功，生活骄奢，残虐百姓，信任奸佞，最终导致众叛亲离，身死国灭。

经典原文与译文

【原文】上尤自矫饰，当时称为仁孝。尝观猎遇雨，左右进油衣，上曰："士卒皆沾湿，我独衣此乎！"乃令持去。——摘自《隋书·卷三》

【译文】隋炀帝更加注重伪装自己，当时大家都称赞他仁爱孝顺。隋炀帝曾经观看打猎遇到下雨，身边的侍从呈上雨衣,隋炀帝说:"士兵都淋湿了,我能独自穿着雨衣吗?"于是命人拿走。

雕墙峻宇:雕,雕绘;峻,高大;宇,屋檐,泛指房屋。彩绘的墙壁,高大的房屋。形容居处豪华奢侈。

隋书·文献独孤皇后列传

文献独孤皇后列传

> 独孤伽（qié）罗（544—602年），鲜卑族，河南郡洛阳县（今河南省洛阳市）人。隋文帝的皇后，死后谥号为献，史称文献皇后。

● 善妒的政治女强人

独孤伽罗的父亲独孤信是鲜卑族贵族，辅佐北周文帝宇文泰开创霸业，位列八柱国之一，地位十分尊崇；母亲崔氏出生于世传儒业的门阀大族清河崔氏，学养深厚。

独孤伽罗是家中第七个女儿，身上既带着父亲游牧民族的独立豪爽，又具备母亲汉文化的儒雅博学。

独孤信崇信佛教，因此用梵语给她取名伽罗，意思是"沉香木"。独孤信与大将军杨忠本是多年的好朋友，看中他的儿子、后来的隋文帝杨坚气度不凡，便将十四岁的独孤伽罗嫁给他。

当时,宇文泰刚刚去世不久,他的侄子宇文护独揽朝政。独孤信不幸卷入谋反事件,宇文护逼他自杀。

这时候,独孤伽罗刚嫁入杨家不久。杨家也不愿意依附宇文护,再加上独孤信事件使得杨坚也备受猜忌,甚至经常有性命之忧。

面对如此险恶的政治环境,独孤伽罗与杨坚相互扶持,感情日渐深厚。独孤伽罗孝敬公婆,低调谦卑,备受称道。加之其又极富政治头脑,在那波谲云诡的岁月中,夫妻二人成为彼此最亲密的战友和精神支柱。

直到周武帝亲手杀了宇文护,杨坚夫妇才松了一口气。周武帝赞赏杨家不依附宇文护的气节,特意迎娶杨坚的大女儿杨丽华为太子妃,就是后来的周宣帝的皇后。

宣帝暴虐无道,杨丽华时常从旁规劝,惹得宣帝大怒,要杀死她。独孤伽罗得知后立即进宫,在宣帝面前磕头不止,直磕得血流满面,宣帝才消了气。

周宣帝在位仅一年,就将皇位禅让给儿子周静帝,第二年病死。由于周静帝年幼,群臣假传遗诏,让杨坚进宫辅政。

杨坚早有夺取皇位的打算,但迟迟下不定决心,独孤伽罗说:"现在大势已定,你已经骑虎难下,一定要加把劲儿啊!"杨坚这才不再迟疑,逼迫周静帝禅让皇位,建

隋书·文献独孤皇后列传

立隋朝,是为隋文帝,并册封独孤伽罗为皇后。

独孤皇后极富政治才能,很有大局意识。有一次,与隋朝搞边境贸易的突厥人带来一箱明珠,索价八百万钱,有大臣劝独孤皇后买下。独孤皇后说:"那不是我需要的。现在外族经常进犯边境,将士们作战劳苦,不如将这八百万钱赏给有功之人。"群臣见皇后如此贤明,深感高兴。

▼ 独孤皇后拒买珍珠

每次朝会,隋文帝都与独孤皇后一起乘车前往。到达大殿后,独孤皇后留在阁门外,让宦官跟着隋文帝进殿,负责两人的沟通联络。

隋文帝处理朝政有所疏漏,独孤皇后通过宦官随时予以提醒、纠正。退朝后,两人又一起乘车回宫,关系十分亲密,被称为"二圣"。

独孤皇后从不徇私。有一次,她的表兄弟犯了死罪,隋文帝打算从轻处罚。独孤皇后说:"这是国家的事,怎么可以徇私枉法呢?"其表兄弟最终被处死,隋文帝从此更加敬重她。

后来,独孤皇后突然得了重病,经过调查是她的表兄用巫术诅咒所致,按照法律要被处死。独孤皇后绝食三天,苦苦哀求隋文帝说:"如果他因为扰乱朝政、残害百姓被处死,我不敢干涉。现在因为我获罪,请求陛下饶他一命。"隋文帝非常心疼,赦免了表兄的死罪。

独孤皇后极度厌恶男子用情不专,与隋文帝结婚之初就约定绝不能纳妾。有一次,隋文帝喜欢上一名宫女,独孤皇后竟然趁隋文帝上朝,将这名宫女杀死。

隋文帝退朝后又惊又怒,骑马飞奔出宫,跑到山谷里,叹息说:"我贵为天子,竟然没一点自由!"经过大臣苦苦相劝,深夜才回到宫中。独孤皇后立即承认错误,两人又和好如初。

这件事给独孤皇后造成了严重的精神创伤，此后，就连大臣宠爱小妾，独孤皇后都会请求隋文帝罢免他们。

当时还是晋王的隋炀帝杨广，利用了母亲这一点，努力让自己表现得用情专一，以博取她的好感。太子杨勇不喜欢母亲选的太子妃，养了许多姬妾，独孤皇后十分不满。

后来，太子妃突然死亡，独孤皇后怀疑是被杨勇杀害的，便派人监视他。杨广得知后，趁机在独孤皇后面前装可怜，诬陷杨勇想毒死自己。

独孤皇后更加坚信杨勇心肠歹毒，愤怒地说："我还活着，他就这么对你，等我死后，岂不是要把你当作鱼肉，任意宰割吗？"于是劝隋文帝废黜杨勇，改立杨广为太子。

602年，独孤皇后病逝，终年五十九岁。

隋文帝失去了风雨同舟四十多年的伴侣，深受打击，开始纵情声色，两年后便一病不起，后悔地说："假如皇后还活着，我不会落到这步田地啊！"不久隋文帝也去世了。

经典原文与译文

【原文】后每谓诸公主曰:"周家公主,类无妇德,失礼于舅姑,离薄人骨肉,此不顺事,尔等当诫之。"——摘自《隋书·卷三十六》

【译文】独孤皇后常对各位公主说:"北周的公主,大多没有妇道,在公婆面前失礼,离间人家的骨肉亲情,这都是不应当的事,你们应该引以为戒。"

骑虎难下:骑在老虎背上无法下来。比喻做一件事情进行下去很困难,但又不能中途停止,处于进退两难的境地。

杨素列传

> 杨素（544—606年），字处道，弘农郡华阴县人。隋朝宰相，杰出的军事家、政治家。

● 隋朝第一权臣

杨素的远祖是有"关西孔子"之称的东汉名臣杨震，父亲做过北周的刺史，在与北齐作战时战死。

杨素自幼放荡不羁，胸怀大志，不拘小节。人们都不看好杨素，只有他的堂叔祖常对儿孙说："杨素必成大器，不是你们能比的。"

杨素长大后勤奋好学，工于文章、书法，仪表不凡，得到北周权臣宇文护的赏识，官职逐步提升。周武帝除掉宇文护之后，株连到杨素。

杨素对父亲为国捐躯却没有受到表彰深感不满，上疏申述。周武帝置之不理，杨素便再三申请，武帝大怒，命人将他斩首。杨素大声说："我侍奉的是无道昏君，死了活该！"武帝欣赏杨素的胆识，追赠他父亲为大将军，还重用了他。

周武帝让杨素起草诏书，杨素不假思索，援笔立就，文理优美。武帝赞赏他说："好好努力，不愁没有富贵。"不料杨素应声答道："臣无心谋求富贵，只怕富贵找上门来，推都推不掉。"

周武帝、周宣帝父子相继去世，当时还是北周丞相的杨坚执掌朝政，杨素见他胸怀大志，气度不凡，于是倾心结交。

杨坚早有称帝之心，急需支持者，对才干过人的杨素特别器重，任命他为汴州（今河南省开封市）刺史。杨素在上任的路上遭遇叛乱，被任命为大将军，参与平叛有功，再次升官。

581年，隋文帝杨坚取代北周，建立隋朝，加封杨素为上柱国，地位非常尊崇。

当时，陈朝割据江南，与隋朝南北对峙，杨素多次进献伐陈的计策。588年，隋文帝决定伐陈，命令杨素跟随当时还是晋王的杨广一起出征。

隋军的船只走到一处险滩，遭遇陈军阻击，由于地

隋书·杨素列传

势易守难攻,将领们都很担心。杨素说:"胜败的关键,在此一举!如果白天顺流而下,会被敌人发现,滩流迅疾,船只难以灵活控制,我们将失去主动权。"

于是水陆协同,趁夜发起袭击,一举击败守敌。杨素下令安抚俘虏,将他们全部释放,陈人对他心悦诚服。

杨素率领的船只军容严整,顺长江而下,而他稳坐船头,相貌威武。陈朝人看到后惊恐地说:"杨素就是长江

▼ 杨素指挥隋军攻灭陈朝

之神啊。"隋军所向披靡，只用了三个月就消灭了陈朝。

回朝之后，隋文帝任命杨素为宰相，成为最受信任的大臣。对太子之位垂涎已久的晋王杨广看中了杨素这一点，倾心结交。

杨素见隋文帝年事已高，在探知独孤皇后也有废长立幼的打算后，果断加入晋王杨广的阵营，多次在隋文帝面前诋毁太子杨勇。

有一次，隋文帝派杨素去观察杨勇的动向，杨素故意先将消息泄露给他，走到太子宫门外却迟迟不肯进去。杨勇郑重其事地等了很久，脸上逐渐露出怒色，杨素才进入太子宫。

事后，杨素对隋文帝说："太子神情流露不满，恐怕要谋反，请陛下早做防备。"隋文帝信以为真，最终废黜了杨勇，立晋王杨广为太子。

杨素又诬陷隋文帝的第四个儿子蜀王杨秀用巫术诅咒隋文帝，致使他被废为庶人，替晋王杨广扫除了潜在威胁。

隋文帝病重，发现了晋王杨广的真面目，想要废黜他。杨素得知后假传圣旨，派禁军严密守卫皇宫，隋文帝当天暴死，外界怀疑他是非正常死亡。

隋文帝的第五个儿子杨谅镇守并州，早就对大哥、四哥的被废感到不满，又怀疑父亲之死另有隐情，拒绝入朝奔丧，举兵谋反。杨素率兵将他擒获，幽禁而死。隋炀帝能够稳坐皇位，杨素出力最多。

杨素很快发现，由于自己知道太多隋炀帝见不得人的秘密，隋炀帝表面上对其恩宠有加，内心却非常忌恨他。

后来杨素得了重病，隋炀帝一面派名医问诊，赏赐良药；一面却问医士杨素什么时候能死。

杨素知道后对弟弟说："我难道还需要再活下去吗？"从此拒绝服药，任由病情恶化而死。

杨素的儿子杨玄感看着父亲受尽病痛折磨而死，怀恨在心。七年之后，杨玄感趁隋炀帝东征高丽之机，举兵反叛，失败被杀。杨素的其他几个儿子也因此受到牵连而被处死。

经典原文与译文

【原文】先是，诸将与虏战，每虑胡骑奔突，皆以戎车步骑相参，舆鹿角为方阵，骑在其内。素谓人曰："此乃自固之道，非取胜之方也。"于是悉除旧法，令诸军为骑阵。……大破之，达头被重创而遁，杀伤不可胜计，群虏号哭而去。——摘自《隋书·卷四十八》

【译文】此前,其他将领和突厥作战,总是担忧突厥骑兵冲击,都将战车与步卒、骑兵混合,用车装着木制障碍排成方阵,骑兵列于阵中。杨素对人说:"这是自我固守之道,不是取胜的方法。"于是全部放弃原有阵法,命令各个军队列为骑兵军阵。……大破突厥军队,达头可汗身负重伤逃走,死伤的突厥人不计其数,突厥人大哭着逃走。

破镜重圆:破碎的镜子重新复合。比喻夫妻失散后再次团聚,或者决裂后再次和好。

逸群绝伦:逸,超出;群,世人;伦,同辈。超过世人和同辈。形容才能出众。

韩擒虎列传

> 韩擒虎（538—592年），字子通，河南郡东垣县（今河南省新安县）人。北周、隋朝名将。

灭陈第一功臣

韩擒虎出生于武将世家，父亲长期效力于西魏、北周政权，多次参加对东魏的战争。

韩擒虎年少时意气风发，胆略过人，身材魁梧，很有英雄气概。他勤奋好学，对经史百家之书都能略知大意。北周文帝宇文泰对韩擒虎非常欣赏，让几个儿子与他结为好友。

韩擒虎成年后，子承父业，成为一名将领，表现出过人的谋略和英勇。当时，北周与北齐、陈朝三分天下，北齐是北周的宿敌，两国交战几十年，最终北周消灭北齐，统一了北方。韩擒虎在与北齐作战时屡建军功，逐渐晋升为刺史。

周宣帝去世后，儿子周静帝年幼，朝政大权落入当时的大丞相杨坚手中。杨坚早有夺位之心，特别注意招揽人才，对韩擒虎委以重任，将他调至靠近周、陈边境的和州（今安徽省和县）任刺史。

陈朝多次兴兵进犯，都被韩擒虎打得落花流水，陈人提起韩擒虎就胆战心惊。

581年，杨坚取代周静帝，建立隋朝。由于韩擒虎文武双全，堪当大任，陈人又非常畏惧他，隋文帝杨坚便提升他为庐州（今安徽省中部）总管，为消灭陈朝、统一天下做准备。

588年冬，隋文帝合兵五十一万讨伐陈朝，任命韩擒虎为先锋。第二年元旦，韩擒虎带领五百名精锐趁夜渡过长江，袭击对岸的军事重地采石矶（今安徽省马鞍山市境内）。当时的陈朝守军全部喝醉睡熟，韩擒虎轻而易举地将他们俘虏。

与此同时，另一位名将贺若弼也从京口（今江苏省镇江市）渡过长江。采石矶在陈朝首都建康城的上游，京口在建康的下游，两人一东一西，对建康形成夹击之势。

随后，韩擒虎继续攻城略地，江南父老被他的威名震慑，前来归附的人络绎不绝。陈朝将领见大势已去，也都丧失斗志,相继投降。

不久,韩擒虎带领五百名轻骑兵抵达建康城的南门,一名陈朝高级将领主动归降,成为他的向导,陈朝士兵见状一哄而散。韩擒虎兵不血刃占领了建康,率军进入皇宫,在一口枯井里活捉了陈后主。

当天黄昏,贺若弼也进入建康城,发现首功被韩擒虎抢去,勃然大怒,险些拔剑相向。

隋文帝收到捷报后,下旨嘉奖两人说:"你们两人深谋远略,江南能够平定,几百年的南北分裂局面宣告结束,都是你们的功劳。"

回京之后,贺若弼在隋文帝面前争功,认为自己打的都是硬仗,韩擒虎却总是捡便宜。韩擒虎愤愤不平地说:"我们两人接到军令,同时进攻建康。贺若弼却公然违反约定时间,率先发起进攻,遇到敌人只会硬拼,导致我军伤亡惨重。臣率领五百名轻骑兵,兵不血刃占领敌巢,贺若弼直到黄昏时分才赶到建康城下。他赎罪都来不及,哪有资格与臣争功劳呢?"

隋文帝无可奈何,安抚他们说:"两位将军都该记上等功。"于是晋升他们为上柱国,赏赐了许多财物。有官员弹劾韩擒虎曾经放纵士兵凌辱陈朝宫女,因此隋文帝没有给他增加食邑。

后来，有突厥使者来朝觐见，隋文帝问他是否听说过陈后主，使者说听说过。隋文帝立即将韩擒虎叫来，对突厥使者说："这就是活捉陈国天子的人！"

韩擒虎怒目圆睁，威风凛凛，突厥使者被他的威严所震慑，畏惧地低下头，不敢直视。隋文帝对韩擒虎的表现十分满意，为他补封了爵位，赏赐食邑一千户，恩宠特别

▼ 韩擒虎震慑突厥使者

优厚。

关于韩擒虎之死，有不少离奇的传说。有一天，韩擒虎邻居家的老妇人看到韩府门前出现了整齐威严的仪仗队，规格像帝王一样盛大，感到非常惊奇，便上前询问。仪仗队中有人说："我们来迎接大王。"说完便消失了。

后来，又有一个重病的人跑到韩擒虎家，说："我要拜见大王。"问他拜见什么大王，那人说是阎罗王，气得韩擒虎的侍从要打他。

韩擒虎制止了他们，坦然地说："活着做上柱国，死后做阎罗王，我已经很满足了。"不久便暴病而死，终年五十五岁。

韩擒虎因此成为民间传说中的"四大阎王"之一，另外三位是北宋名臣寇准、范仲（zhòng）淹和包拯。

经典原文与译文

【原文】 陈叔宝遣领军蔡征守朱雀航，闻擒将至，众惧而溃。任蛮奴为贺若弼所败，弃军降于擒。擒以精骑五百，直入朱雀门。……遂平金陵，执陈主叔宝。——摘自《隋书·卷五十二》

【译文】陈后主陈叔宝派遣领军将军蔡征镇守建康城南的朱雀桥,听说韩擒虎即将赶到,部众惊恐溃逃。陈朝将领任蛮奴被贺若弼打败,抛弃军队向韩擒虎投降。韩擒虎率五百精锐骑兵,直捣朱雀门。……于是平定金陵,俘虏了陈后主陈叔宝。

词语积累

寸阴若岁:寸阴,一寸光阴,形容极短的时间;岁,一年。一刹那就像过了一年。形容十分殷切地期盼。

兵不血刃:兵,兵器;血刃,刀刃沾血。兵器没有沾上血。比喻不经过战斗,很容易地取得了胜利。

不敢仰视:仰视,抬头看。不敢抬头观看。形容面对权威时畏惧的样子。

李密列传

> 李密（582—619年），字玄邃（sui），一字法主，京兆郡长安（今陕西省西安市）人。农民起义领袖，隋末割据群雄之一。

农民起义军中的贵族领袖

李密出生于四世三公的名门望族辽东李氏，曾祖父是西魏八柱国之一，祖父是北周高官，父亲是隋朝名将。

李密足智多谋，文武全才，志向远大，经常以救世济民为己任。

隋文帝时，李密的父亲去世，他继承了爵位，开始散发家产，收揽门客，礼遇贤才。

隋炀帝刚即位，青年李密凭借恩荫成为皇家侍卫。有一次，李密在宫中站岗，隋炀帝发现他左顾右盼，神态异常，让大臣宇文述将他调出宫廷。

宇文述对李密说:"贤弟那么聪慧,应该靠才学获取官职,做侍卫有什么出息呢?"李密深受鼓舞,于是称病辞职,追随名师包恺,刻苦学习,专心读书。

有一天,李密骑着黄牛去包恺家,将一套《汉书》挂在牛角上,一手牵牛绳,一手拿着书读,十分入神。宰相杨素见到便问他读什么书,李密说是《汉书·项羽传》。

经过一番交谈,杨素非常欣赏李密,对儿子杨玄感等

▼李密牛角挂书

人说:"我看李密的见识、气度比你们强多了。"杨玄感于是与他结为好友。

613年,隋炀帝东征高丽,命令杨玄感在后方督运粮草。杨素因为受到隋炀帝的猜忌,生病后拒绝服药而死,杨玄感因此怀恨在心,趁机发动叛乱,请李密做谋士。

李密对杨玄感说:"我有上中下三条计策。上策是截断皇帝的后路,让他进退失据,不战而降。中策是占领关中,利用地形优势抗衡朝廷。下策是就近攻打东都洛阳,但是守军已经有了防备,短期内难以取胜。"

杨玄感却认为下策才是最佳选择,于是进攻洛阳,结果久攻不下,兵败而死。李密被俘,在押往隋炀帝驻地的路上逃脱,投奔了瓦岗寨义军首领翟(zhái)让。

翟让派李密去各地劝降起义军头目,所到之处无不归降。翟让对他刮目相看,召见他商议大事。李密说:"现在我们兵马众多,但粮草不足,一旦大敌当前就危险了。"他建议翟让占领军事重地荥(xíng)阳(今河南省荥阳市),夺取洛口仓(今河南省巩义县)。洛口仓内存有两千多万石粮食,瓦岗军占领后开仓放粮,吸引了大量饥民加入。隋炀帝多次派兵讨伐,都被李密击退。

取得几次大胜之后,瓦岗军中的得力干将徐世勣(jì)、王伯当等人都认为李密比翟让更具有领导才能,而且出身高贵,更有号召力。翟让也自愧不如,将领袖之位让给李密,瓦岗军的规模达到几十万人,成为隋末群雄中最强大的一支队伍。

翟让的老部下对李密心怀不满,企图夺权。李密得知后,设下鸿门宴,将翟让和党羽全部杀死,导致很多将领不再信任他。

当时北方乱成一团,隋炀帝撤到江都,让孙子杨侗(tóng)留守洛阳。瓦岗军围攻洛阳,杨侗多次向隋炀帝求援。

正在这时,禁军将领宇文化及发动政变,杀死隋炀帝,带领十万禁军返回关中老家,途经李密的地盘。杨侗在洛阳称帝,用高官厚禄拉拢李密,让他去攻打宇文化及,实际上是想让他们两败俱伤。李密不顾部下劝阻,答应了杨侗,亲自率军出战。

通过一番隔河喊话,李密发现宇文化及既没谋略又没文化,对部下说:"宇文化及这么无能,还妄图称王称帝,我挥一挥手杖就能赶走他。"

李密知道宇文化及粮草不足,便假意求和。宇文化及非常高兴,任由李密的士兵大吃大喝。待粮食耗尽后才发现中计,勃然大怒,对李密发起进攻,结果被打得惨败,仓皇向北逃窜。李密也被乱箭射伤,实力受损。

正当李密准备进入洛阳接受封赏之际,权臣王世充发动政变，控制了杨侗，亲率两万精兵进攻李密。李密刚刚战胜了宇文化及，开始骄傲自满，士兵疲惫不堪，被王世充打得一败涂地。

李密带着几十名骑兵逃出重围，与王伯当等人会合后，心灰意冷地想自刎谢罪。众人连忙劝阻，建议李密投奔已在长安称帝的唐高祖李渊。李密别无良策，只好同意。

李密原以为会得到唐高祖的重用，没想到高祖只给他一个品级很高却没有实权的官职。李密愤愤不平，假托回河南招抚旧部，再次聚众反叛，不久被唐军杀死，终年三十八岁。

经典原文与译文

【原文】密以轻骑自武牢渡河以归之，谓伯当曰："兵败矣！久苦诸君，我今自刎，请以谢众。"众皆泣，莫能仰视。——摘自《隋书·卷七十》

【译文】李密依靠轻装快马从武牢关渡过黄河来到王伯当处，对王伯当说："我们失败了！辛苦各位那么久，我现在准备自刎，请允许我以这种方式向大家谢罪。"众

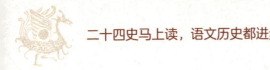

人都流下眼泪，无法抬头看他。

牛角挂书：把书籍挂在牛角上，边走边读。形容读书非常勤奋。

罄(qìng)竹难书：罄，完；竹，写字的竹简；书，书写。罪行多得用尽山上的竹子都写不完，形容罪行极多。

宇文化及列传

> 宇文化及（？—619年），鲜卑族，本姓破野头，代郡武川县（今内蒙古自治区武川县）人。隋末群雄之一。

◉ 隋末群雄中的跳梁小丑

宇文化及出生于武将世家，祖父跟随北周文帝宇文泰打天下，战功卓著，成为北周的上柱国；父亲宇文述是隋朝名将，深得隋炀帝信任。

宇文化及性情凶狠残暴，仰仗父亲的权势，不守法度，喜欢骑着快马、手持弹弓在大街上横冲直撞，是有名的轻薄公子。隋炀帝还是太子时，宇文化及成为东宫侍卫，时常出入宫廷，两人关系非常亲密。

后来，宇文化及晋升为掌管东宫车马的官员，因为贪污受贿多次被罢免，不久又因为太子的关系，官复原职。

后来，宇文化及的三弟娶了隋炀帝的女儿，他一跃成为皇亲国戚,更加蛮横无理,仗势凌人,不把公卿大臣放在眼里。凡是他看上的美女、名犬和骏马,一定会想方设法弄到手。

隋炀帝继位后,宇文化及更加无法无天。有一次,宇文化及和二弟宇文智及跟随隋炀帝巡视边境,竟公然违反朝廷法令,和突厥人做起了生意。

隋炀帝勃然大怒,打算将两人斩首,因为女儿求情才

▼ 宇文化及街头纵马害民

作罢，将两人赐给他们的父亲宇文述做奴隶。宇文述死后，隋炀帝追念他的功勋，才重新起用两人，让宇文化及担任禁军将领。

当时，各地农民起义风起云涌，瓦岗军首领李密已经占领东都洛阳附近的大片地盘，唐高祖李渊也在晋阳起兵。

隋炀帝逃到江都，丧失斗志，整天借酒浇愁。护驾的禁军大多是关中人，思乡情切，见隋炀帝毫无打回去的打算，心生怨恨，想要叛逃。

宇文智及生性狂悖，获知消息后特别兴奋，提议索性把隋炀帝杀掉。宇文智及等人商量好后，才将计划告诉宇文化及，并推举他为首领。宇文化及吓得脸色大变，冷汗直流，过了好久才镇定下来，答应做叛军的首领。

一天夜里，叛军头目带着几百名士兵冲进皇宫，捉住了隋炀帝，天亮后派人去迎接宇文化及。宇文化及不知道政变已经成功，战战兢兢地上马，吓得说不出话。

有人来拜见宇文化及，他把脑袋埋在马鞍上，不停地说：“罪过，罪过。”等看到隋炀帝被捉后，他才恢复了往日的骄狂。

叛军头目处死隋炀帝及大批宗室，推举宇文化及为丞相，拥立隋炀帝的侄子杨浩为帝。

几天后,宇文化及带领十万禁军返回长安。他毫无领导才能,一路上抢掠百姓,作威作福,对部下毫不体恤,引起极大愤慨。

几位叛军头目很后悔选了宇文化及做丞相,密谋要杀他,结果消息泄露,反而被杀死。

隋炀帝被杀后,留守东都洛阳的隋朝大臣拥立隋炀帝的孙子杨侗为帝。不久,宇文化及的部队来到洛阳附近,杨侗用高官厚禄拉拢瓦岗军领袖李密,让他去消灭宇文化及。

李密在两军阵前引经据典地指责宇文化及犯下的弑君之罪,宇文化及不学无术,低头想了很久也没弄明白李密说的什么,愤怒地说:"我是来打仗的,你文绉绉地做什么?"

李密见他这么无能,设下巧计将他打得大败,很多部下都投降了李密,宇文化及带领残部向北逃窜。

此时的宇文化及既缺乏粮草,又没有地盘,早已丧失斗志,懊悔不已。有一次,宇文化及喝醉了酒,埋怨宇文智及给他出的馊主意,让他众叛亲离,背负着弑君的骂名,甚至最终面临灭族之灾。

宇文智及愤怒地说:"事情顺利的时候,你没有奖赏我。眼看失败了,却要归罪于我。你为什么不干脆杀了我,去投奔义军首领窦建德呢?"宇文兄弟两人发生内讧，逃跑的部下就更多了。

宇文化及自知败局已定，叹息说："人生在世，难逃一死，难道不能当一天皇帝再死吗？"于是毒死傀儡皇帝杨浩，在魏县（今河北省大名县）自称皇帝，建国号为"许"，设置百官。宇文化及本想打下几座城池做地盘，结果屡战屡败，没能如愿。

农民起义军首领王薄听说宇文化及从江都带来大批财宝，便前去诈降。宇文化及此时已经是穷途末路，欣喜地接纳了王薄。

王薄取得宇文化及的信任后，与另一位义军首领窦建德里应外合，活捉了宇文化及等人，历数他们的种种罪行后，将他们处死。

经典原文与译文

【原文】腹心稍尽，兵势日蹙，兄弟更无他计，但相聚酣宴，奏女乐。醉后，因尤智及曰："我初不知，由汝为计，强来立我。今所向无成，士马日散，负杀主之名，天下所不纳。今者灭族，岂不由汝乎？"持其两子而泣。

【译文】宇文化及的左右心腹慢慢散尽,军队的势力日渐衰弱,他与弟弟宇文智及两人没有其他办法,只是整天凑到一起纵情宴饮,欣赏女伎表演歌舞。喝醉之后,宇文化及趁机埋怨宇文智及说:"当初,我不了解情况,任凭你出主意,硬要让我当头儿。现在毫无所成,兵马日益逃散,我们还背上了杀死皇帝的罪名,天下都不肯接纳我们。眼看就要被灭族了,难道不是因为你吗?"一边说一边抱着他的两个儿子哭起来。

知而不言:知,知道。明明知道却不说。

刎颈之交:刎颈,用刀割脖子;交,交情。指朋友之间可以同生死、共患难的交情。

北史

北 史

　　《北史》由唐代史学家李延寿撰写，共一百卷，包括本纪十二卷、列传八十八卷，无表、无志，是记载北朝的北魏、北齐（含东魏）、北周（含西魏）及隋六个朝代的纪传体史书，与《南史》是姊妹篇。《北史》记载北魏道武帝建国至隋恭帝亡国（386—618年），共二百三十三年的史事。《北史》将北朝各史的本纪、列传综合汇总，打破了朝代局限，重新对人物、事件进行删繁就简的处理，以便阅读。同时将当时彼此敌对政权相互的蔑称一律删除，以符合大一统的时代特征。

李 延 寿

　　李延寿（生卒年不详），字遐龄，相（xiāng）州（今河南省安阳市）人。唐初著名史学家，活动于唐太宗至高宗大概三十年间。

　　李延寿的父亲李大师，熟悉前代历史，擅长评论时事。李大师有感于南北朝时期各国单独修史，局限于各自的立场进行表达。随着隋朝统一全国，民族融合空前加强，他感到修撰统一史书的必要性，于是动笔撰述，未竟而卒。

　　李延寿继承父亲的遗志，收集资料，积极准备，前后花了三十年时间，独立修成《南史》《北史》，分别概述南朝、北朝的历史。李延寿纠正各国史书的种种偏见，打破地域观念，着力表达了天下一统的多民族政治、经济、文化共同体的主张。

北史·贺拔岳传

贺拔岳传

> 贺拔岳（？—534年），敕勒族，复姓贺拔，字阿泥斗，神武郡尖山县（今山西省神池县）人。北魏末期名将。

● 关陇集团的第一代领袖

贺拔岳出生于武川镇的武将世家，父亲和两位哥哥都是当世名将。贺拔岳自幼胸怀大志，乐善好施，尊重贤才，曾进入最高学府太学学习。

成年后，贺拔岳性格勇敢果断，练就了一身好武艺，能够在飞奔的马背上左右开弓，箭无虚发。虽然没读过兵法，但每次讨论军事都与兵书上说的不谋而合，众人都感叹称奇。

当时，北魏为了防御北方游牧民族南侵，在今内蒙古自治区与山西省、河北省的交界地带设置了六个军镇。523

年，六镇军民因不满北魏的残暴统治，起兵反叛。贺拔岳兄弟三人跟随父亲前往怀朔镇平叛。

有一次，叛军首领率军前来攻城，走到离城墙三百多步远时，贺拔岳登上城头，一箭射中了这位首领的手臂，叛军顿时阵脚大乱。贺拔岳崭露头角。

不久，贺拔岳的父亲战死，他投奔地方实力将领尔朱荣麾下。当时，魏孝明帝的母亲胡太后把持朝政，孝

▼ 贺拔岳在城楼箭射叛军主将

北史·贺拔岳传

明帝深感不满,密召尔朱荣进京,想把母亲赶下台。

尔朱荣犹豫不决,问贺拔岳该怎么办。贺拔岳慨然答道:"做非同寻常之事,必须非同寻常之人。将军现在兵强马壮,位高权重,如果率先举起义旗,还有什么不能战胜呢?古人说:'早晨的谋划不要等到晚上实施,说出发便不要等候车子。'就是这个道理!"尔朱荣连连称赞他有大丈夫气概。

胡太后得知此事,勃然大怒,将孝明帝毒死。尔朱荣以为孝明帝复仇为名,带兵进入首都洛阳,诛杀了一千三百多名朝臣立威,将领高欢趁机劝他称帝。

贺拔岳劝谏说:"将军首倡义兵,是为了铲除逆臣,假如称帝,必然会贻人口实,招来大祸。"尔朱荣放弃篡位,继续拥立孝庄帝为帝,自己率军返回晋阳,遥控朝政。

事后,贺拔岳力劝尔朱荣诛杀高欢,以表明自己的心志。高欢早已贿赂了众人,大家纷纷进言高欢人才难得,可以留下他将功赎罪。尔朱荣最终没有杀掉高欢。

528年,另一位义军首领万俟(mò qí)丑奴在关中称帝,尔朱荣派贺拔岳前去平叛。贺拔岳担心战败会获罪,战胜会遭嫉妒,于是请求让尔朱氏家族的人担任统帅。

尔朱荣非常高兴,让侄子尔朱天光为主帅,贺拔岳和将领侯(hòu)莫陈悦为副帅。

尔朱天光分派一千人交给贺拔岳统领，贺拔岳设下巧计，以少胜多，一举俘虏了两万名叛军，军威大震，万俟丑奴仓皇向北撤退。

随后，贺拔岳对外宣称："现在天气转热，不适合继续作战，等秋凉时再进攻。"万俟丑奴信以为真，只留一支部队把守险要之处，其他士兵分派到各地种庄稼去了。

贺拔岳趁夜出击，擒获了留守叛将和所有叛军。接着乘胜穷追，一举擒获万俟丑奴，收复了关中地区。战后论功行赏，贺拔岳功劳最大，升任都督。

530年，尔朱荣被孝庄帝设计杀死，尔朱天光赶回洛阳，将关中军政事务交给贺拔岳。高欢立即以尔朱氏专权为名，兴兵讨伐。

尔朱天光派人向贺拔岳问计，贺拔岳说："不如先固守关中，稳住根本。"尔朱天光不听，结果战败。贺拔岳见尔朱氏已经无可救药，便投向高欢的阵营，捉住了尔朱天光的弟弟。

高欢消灭尔朱氏以后，独揽大权，拥立孝武帝即位。孝武帝不甘心被高欢控制，下密诏任命贺拔岳担任掌管西北二十个州军事的大都督，以对付高欢。

贺拔岳趁机整合关陇地区的军事力量，形成了一个以自己为领导核心的军事集团，与高欢东西对峙。

这时，贺拔岳的得力干将宇文泰提醒他，现在的心腹大患不是高欢，而是和他一起收复关中的侯莫陈悦。贺拔岳根本不相信，反而和侯莫陈悦一起商量怎么对付高欢。

其实，侯莫陈悦已经投靠了高欢，高欢命令他找机会除掉贺拔岳。一天，侯莫陈悦将贺拔岳骗到自己营中议事，将他杀死。

贺拔岳死后，高欢曾企图吞并他的军队，但没有成功，因为关陇集团主要以家世、地缘为纽带，外人无法驾驭。宇文泰很快成为新领袖，在他的带领下，关陇集团的势力更加强大，北周、隋朝、唐朝的开国君主都出自这个集团，雄踞中国政坛一百多年。

经典原文与译文

【原文】天光将拒齐神武，遣问计于岳。岳曰："莫若且镇关中，以固根本。"天光不从，后果败。岳率军下陇赴雍，禽天光弟显寿以应齐神武。——摘自《北史·卷四十九》

【译文】尔朱天光将要抵御北齐神武帝高欢,派人向贺拔岳询问计策。贺拔岳说:"不如暂且镇守关中,以稳固根据地。"尔朱天光没有听从,后来果然失败。贺拔岳率领部队从陇西(今甘肃省东部)赶赴雍州(今陕西省西安市),捉住尔朱天光的弟弟尔朱显寿来响应神武帝。

应弦(xián)而倒:应,随着。伴随弓弦的声音倒下。形容射箭的技术很高明。

王褒传

> 王褒(yǔ)（513—576年），字子深，琅琊郡临沂县(今山东省临沂市)人。南北朝文学家、书法家。

◆ 羁旅北方的南朝才子

王褒出生于名门望族琅琊王氏，先祖是东晋宰相王导，祖父、父亲都是南梁的高官，很有名望。

王褒的家庭文化氛围浓厚，自幼受到良好的教育，七岁时落笔成章。长大后学识渊博，志趣高雅，仪表堂堂，特别有风度。加之性格开朗，喜欢谈笑，深受众人喜爱。

王褒的外祖父是当朝大臣，曾对宾客说："这个孩子将来一定能成为我们家的宰相。"

王褒的姑父萧子云是著名的书法家，特别擅长草书和隶书。王褒自幼跟随萧子云学习书法，得到真传，名气仅次于萧子云，被当时的人推重。

王褒二十岁时被举荐为秀才,成为太子萧纲的僚属。萧纲身边有一个阵容豪华的文学团体,鼎鼎大名的文学家庾(yǔ)信父子、徐陵父子是其中的核心人物。

王褒与前辈同侪交流学习,文学造诣逐渐提升。梁武帝特别欣赏王褒的才华,将侄女嫁给他为妻。

后来,王褒成为萧纲的大儿子宣城王的幕僚。有一次,宣城王新建了一栋书斋,让著名学者、画家顾野王绘制古代圣贤像,王褒题写赞文,挂在书斋中,被誉为"二绝"。

548年,"侯景之乱"爆发,南梁都城建康被叛军占领。梁元帝萧绎平定"侯景之乱"后即位,王褒和梁元帝早有交情,因此受到重用。但他并不恃宠而骄,为人谦虚谨慎,受到朝臣称赞。

建康城毁于战火,破败不堪,梁元帝想将京城迁到自己的封地江陵,他的旧臣纷纷赞同。

王褒认为在哪里定都应该以人心向背为依据,不应该以皇帝的喜好、旧臣的利益为转移,显然旧都建康更符合民心。他深知梁元帝生性多疑,不敢当面反对,便私底下找机会劝阻,但梁元帝并没有听从。

梁元帝也热爱文学,经常与群臣诗酒唱和。王褒创作了一首题为《燕歌行》的七言歌行,将西北边塞寒苦之状描绘得如在眼前。这首《燕歌行》对七言歌行的体式进行

▲ 王褒与梁元帝酬唱

了改革创新，使它成为自由换韵、平仄相间的一种诗体，更加灵活多变，为音节流畅的唐代七言古诗打下了基础。梁元帝、庾信等人写了和（hè）诗，但都无法和王褒的原作媲美。

梁元帝的政权只维持了三年，被北方的西魏政权消灭，梁元帝被杀，王褒等几十名文人被掳到西魏首都长安。

西魏丞相宇文泰因攻破江陵而一下子得到这么多人才大为高兴。宇文泰的母亲姓王，因此对王褒等王姓文人格外礼遇，并授予官职。

三年后，宇文泰去世，他的儿子周孝闵帝代西魏称帝，建立北周。王褒由于家世显赫，文学、书法造诣高深，很快得到重用。

孝闵帝去世后，哥哥周明帝即位，每次游宴都让王褒作陪，一起讨论诗赋。后来继任的周武帝对王褒更加信任，让他负责起草诏令，担任太子的属官。

王褒来长安以前，赵文深是北方最有名的书法家，石碑、牌匾都请他题写。王褒到后，贵族子弟争相学习他的书体，赵文深竟无人问津。

赵文深倍感耻辱，怒形于色，但后来也被王褒的书艺所折服，转而向他学习。可惜赵文深始终学无所成，被嘲笑为邯郸学步。王褒非常尊重赵文深，每当有人要题写碑文，都推让给赵文深。

王褒最大的成就在于文学。他的诗歌清丽圆转，抒情细腻，格律精严，内容丰富：既有边塞诗、游仙诗，也有到北方后创作的思乡诗。盛唐大诗人李白的一些名句，便是化用王褒的诗作，他对后世的影响可见一斑。王褒的骈文典雅庄重，文辞富丽，也有较高的文学价值。

王褒与另一位同样由南梁进入北周的大文学家庾信齐名，合称"王庾"。他们为北朝文学注入了新颖的南国之风，有力地促进了南北文风的融合，起到了承上启下的作用。同时，王褒也受到北方文风的影响，创作出一些骨力刚健、慷慨尚气的作品。

576年，王褒去世，终年六十四岁。

令人惋惜的是，王褒的文集已经失传，根据各类选本只搜集到诗歌四十七首，文章二十五篇。

经典原文与译文

【原文】褒与王克、刘瑴（jué）、宗懔（lǐn）、殷不害等数十人俱至长安，周文喜曰："昔平吴之利，二陆而已。今定楚之功，群贤毕至，可谓过之矣。"——摘自《北史·卷八十三》

【译文】王褒与王克、刘瑴、宗懔、殷不害等几十个人一起来到长安，北周文帝宇文泰高兴地说："从前曹魏平定东吴的好处，仅得到了陆机、陆云两个人才而已。现在我们平定楚地的功绩，是大批贤才都来了，可以说超过平吴之利了。"

词语积累

群贤毕至：贤，贤才；毕，全；至，到。贤能的人都汇聚到一起。